사제의 아름다운 손

'있는 나'를 만나다

불휘미디어

책머리에

나는 천주교 사제다. 반세기 가까운 세월을 마산교구 사제로서 사목 생활을 했다. 지금은 은퇴하여 지리산 골짜기 원묵계(元黙溪)에서 은둔 생활을 하고 있다.

내가 살고 있는 원묵계는 지리산 청학동과 이웃하고 있는 작은 마을이다. 집 뒤로 삼신봉 줄기가 병풍처럼 둘러 있고, 집 앞으로는 깃대봉을 주봉으로 하는 능선이 그림처럼 펼쳐져 있다. 남명 조식 선생이 되돌아갔다고 해서 이름 붙여진 회남재(回南岾)에 올라서면 최참판댁이 있는 악양 악양들판과 섬진강이 내려다보이고, 멀리 백양산 주봉과 줄기가 한눈에 들어온다.

깊은 산골에서 은둔 생활을 하고 있지만, 주변에 몇몇 교우들이 있어서 주일마다 그들과 함께 성찬 전례를 거행할 수 있는 행복을 누리고 있다.

한국 교회는 은퇴한 사제를 원로(元老) 사목자(司牧者)라고 부른다. 원로 사목자란 어떤 사목자일까. 원로라는 말을 국어사전에서는 이렇게 풀이하고 있다.

1. 지난날 나이, 덕망, 벼슬이 높은 벼슬아치를 이르던 말
2. 어떤 일에 오래 종사하여 경험과 공로가 많은 사람

사제는 벼슬아치가 아니다. 그러니 1항은 원로 사목자에게 어울리지 않는다. 2항의 경우 사목자로서 오래 종사하여 경험을 쌓은 것은 맞지만, 공로가 많다는 것은 해당되지 않는다.

나는 원로 사목자를 이렇게 풀이한다. '은퇴하여 자기를 사목하는 사제'라고. 나는 깊은 산골에서 나 자신을 사목하고 있다. 지금 나의 관심사는 나 자신이다. 철저한 자기 관리를 통해서 사제의 품위를 잃지 않는 삶, 교회와 이웃들에게 부담을 안겨 주지 않는 삶, 그리고 깔끔한 죽음을 맞이하는 삶을 살려고 노력하고 있다.

내가 지리산 자락에 숨어들어 와서 놀란 사실들이 여러 가지가 있다. 첫째로 골짜기마다 천주교 신자들이 살고 있다는 것이다. 발 없는 말이 천 리를 간다는 속담은 맞는 말이다. 어떻게 알게 되었는지 원묵계(元黙溪)에 은퇴한 늙은 신부가 살고 있다는 사실을 알고 교우들이 찾아오기 시작했다. 지금 주일 미사에 참례하는 교우들 숫자는 평균 스무 분쯤 된다. 함께 모여 주일 미사를 봉헌하는 교우들은 '산골 공동체'를 만들었다. '산골 공동체'는 순수한 성찬 공동체이다. 주일마다 주님의 식탁 둘레에 모여 앉는 행복을 누린다.

나는 자기 사목을 하는 원로 사목자이기 때문에, 함께 성찬례를 거행하고 예수님의 말씀과 성체를 나누어 먹는 일만 한다. 그래도 모두 기뻐하고 행복해 한다.

둘째로 놀란 사실은 지리산은 온갖 신앙과 종교를 품고 있는 산이라는 사실이다. 수도 없이 많은 굿당과 기도처들이 있다. 성업(盛業) 중이라고 할 수는 없지만 무속인들은 먹고살 만하다고 한다. 그리고 골짜기마다 예배당이 있고, 헤아릴 수 없을 만큼 많은 암자와 토굴 그리고 법당들이 있다.

지리산을 덕산(德山)이라 하기도 하고 마고(魔姑)산 또는 성모산, 어머니 산이라고 한다. 높은 산이라기보다 넓고 큰 산이라는 뜻이다. 지리산은 온갖 생명들을 품고 있는 어머니의 품 같은 산이다. 갖가지 종교와 신앙인들이 지리산 품속에서 자신들의 신앙을 지키면서 삶을 이어가고 있고, 나도 그들 중의 한 사람이다.

나는 덕산 지리산 품에 앙산재(仰山齋)라 이름 붙인 작은 오두막에서 은둔 생활을 하면서 산을 우러러보는 삶을 살고 있다.

나에게 산은 하느님이다. 산은 언제나 그 자리에 머물러 있다. 모세가 하느님의 산 호렙에서 '있는 나'(탈출기 3,13-15) 하느님을 만났듯이 나도 지리산 자락에서 '있는 나' 하느님을 매 순간 만난다.

내가 매일 지리산에서 하느님을 만나다 보니, 나에게 지리산은 하느님이 되었다. 하느님인 산을 우러러보며 내가 살고 있는 오두막집 이름[屋號]을 앙산재(仰山齋)라고 지은 까닭도 여기에 있다.

올해로 은퇴 9년 차이다. 지리산에 살다 보니 산이 하느님이라는 사실을 알게 되었고, 전에 보지 못했던 나의 모습도 보게 되었다. 그리고 은퇴하기 전에 내가 보지 못했던 교회의 모습과 마산교구의 모습도 볼 수 있게 되었다. 한발 물러서니 전에 볼 수 없었던 것들이 보이기 시작했다.

  내가 전에 썼던 글들을 모아서 책을 내기로 작정한 것도 사목 현장에서 보지 못했던 교회의 여러 가지 현실들을 은퇴 이후에 뚜렷이 보게 되었기 때문이다.

  나의 서재에는 '불씨회 헌장'이라는 패(牌)가 벽에 걸려 있다. 불씨회는 30여 년 전에 없어진 마산교구 사제들의 모임이다. 그 모임을 시작하면서 만든 헌장이다. 그대로 옮겨 본다.

    우리는 하느님의 종이요, 하느님의 백성을 위해 사제로 불린 자들이다. 스스로 취할 바가 못 되는 이 고상한 품위가 백성들을 위해 연약한 우리에게 주어졌음을 안다. 이러한 사제직은 은총에 힘입어 나날이 성숙되고, 대사제이신 그리스도와 합일됨으로써 완성됨을 안다.

    이에 뜻을 같이하는 형제들이 모여 가르치기 위해 배우고, 방문과 격려로 사랑을 익히며, 모자람을 서로 보완하여 효율적인 사목에 임하려는 것이다. 우리는 또 모든 백성이 한 형제요, 공동운명임을 깨달아 우리 안에 그리스도를 현존케 하며 모든 백성의 관심사가 우리의 관심사가 되어야 함을 안다. 이를 위해 촛불을 밝히듯 작은 무리가 이 운동을 편다.

    一. 언제나 모자람을 알아 배운다.

    一. 입으로가 아니고 행동으로 형제간의 사랑을 익힌다.

一. 백성의 관심사가 우리의 관심사이며 궁극적 관심을 하늘나
      라에 둔다.
   一. 하느님의 의로움이 우리와 전체 안에 구현되도록 힘쓴다.
   一. 기도로 이 모든 것이 이루어질 것을 믿는다.

 불씨회 모임이 왜 없어져 버렸는지 잘 모르겠다. 팔십년대 말 교회 안팎에 불어닥친 바람과 파도가 불씨를 꺼 버린 것일까. 그 시절의 격랑이 불 꺼진 초와 촛대마저 휩쓸고 가 버린 것일까. 나는 그 시절을 그리워하며 혼자서 불씨회 헌장을 읽으면서 나 자신을 되돌아본다. 아직도 나는 작은 불씨가 되어 어둠을 밝힐 수 있을까.
 사람들은 나이는 숫자에 불과하다고 말한다. 사실이기도 하고 아니기도 하다. 여든을 눈앞에 두고 보니 나 자신이 늙고 있다는 사실을 절감한다. 무조건 편해야 하고 편리해야 하고 안전해야 한다는 생각이 떠나지 않는 이유는 내가 늙었기 때문이다. 조금만 힘들어도, 귀찮아도, 불편해도 하기 싫어진다. 더구나 요즘은 설거지를 하면서 자주 그릇을 떨어뜨리기도 한다.
 그래서 더 늦기 전에 지난날 썼던 글들을 모아 책을 만들기로 했다. 누가 아는가? 은퇴 사제의 넋두리를 듣고 한 줄기 빛을 보게 될지.

지리산 앙산재에서.

불씨회 헌장

우리는 하느님의 종이요, 하느님의 백성을 위해 사제로 불린 자들이다. 스스로 취할 바가 못되는 이 고상한 품위가 백성들을 위해 연약한 우리에게 주어졌음을 안다. 이러한 사제직은 은총에 힘입어 나날이 성숙되고, 대사제이신 그리스도와 합일됨으로써 완성됨을 안다.

이에 뜻을 같이하는 형제들이 모여 가르치기 위해 배우고, 방문과 격려로 사랑을 익히며 모자람을 서로 보완하여 효율적인 사목에 임하려는 것이다. 우리는 또 모든 백성이 한 형제요, 공동운명임을 깨달아 우리 안에 그리스도를 현존케 하며 모든 백성의 관심사가 우리의 관심사가 되어야 함을 안다. 이를 위해 촛불을 밝히듯 작은 무리가 이 운동을 한다.

1. 언제나 모자람을 알아 배운다.
1. 입으로가 아니고 행동으로 형제간의 사랑을 익힌다.
1. 백성의 관심사가 우리의 관심사이며 궁극적 관심을 하늘나라에 둔다.
1. 하느님의 의로움이 우리와 전체안에 구현되도록 힘쓴다.
1. 기도로 이 모든 것이 이루어 질것을 믿는다.

| 차 례 |

책머리에 - 불씨회 헌장 _ 04

01 사제직을 떠나는 K신부에게 _ 14

02 사제는 갑인가? _ 21

03 사제의 아름다운 손 _ 36

04 사제와 신학생들의 자기 사목 _ 59

05 몽돌과 수도승 _ 111

06 4박 5일의 행복 _ 122

07 이지령 아녜스의 시 _ 129

08 피정 _ 138

09 순명 _ 143

10 잠언을 읽자 _ 150

11 술 취한 예수, 사기꾼 예수 _ 153

12 몇 편의 강론들 _ 159

01
사제직을 떠나는 K신부에게 [1]

K신부님, 신부님의 소식을 듣고 큰 충격을 받았습니다. 능력 있고 활달한 신부님이 갑자기 사제직을 떠나겠다고 선언했다니 정말 큰 충격이었습니다. 사제 생활 5년이 이제 막 지났으니 사제 생활의 멋과 맛을 알 만한 때에 사제직을 떠나겠다니 더욱 안타깝습니다.

저는 신부님을 만나서 신부님과 직접 대화해 보지 않았기 때문에, 무슨 사정이 신부님으로 하여금 사제직을 포기하도록 만들었는지 그 깊은 사연을 알 수 없습니다. 저간의 사정이 어떠했는지는 알 수 없습니다만, 솔직히 그동안의 시간이 아까워서도 신부님의 손을 잡고 다시 돌아오기를 간청하고 싶습니다.

생각해 보십시오. 사제 한 분이 탄생할 때까지 얼마나 많은 시간이 필요합니까? 소신학교 제도가 없어진 지금도 사제 한 분이

---

[1] 이 글은 필자가 창원 가톨릭사회교육회관 관장으로 재직하고 있을 때, 우리신학 연구소가 발행하는 잡지 『갈라진 시대의 기쁜 소식』에 기고했던 것이다.

탄생하기까지 적어도 10년 세월이 필요합니다. 시간만 필요한 것이 아닙니다. 얼마나 많은 사람들의 공과 노력과 정성이 필요합니까? 그리고 얼마나 많은 분들의 기도가 있었습니까?

신부님이 사제직을 떠남으로써 사제 한 분을 탄생시키기 위한 그 많은 시간과 기도와 정성과 공덕은 한순간의 거품이 되고 말았습니다.

K신부님, 신부님의 소식을 듣고 이렇게 편지를 쓰는 것은, 제가 사제로서 모범적으로 잘 살고 있기 때문이 아닙니다. 솔직히 고백하자면 지금까지 사제로서 저의 삶은 위기의 연속이었고, 저는 지금도 위기 속에서 살고 있습니다. 어쩌면 저는 신부님처럼 젊지도 못하고 또 신부님처럼 과감하게 결단을 내릴 용기가 없어서 오늘까지 이렇게 사제직에 연연하고 있는지도 모릅니다. 그러나 과감하게 결단을 내려서 사제직을 떠나는 것만이 용기 있는 행동이 아닙니다.

저는 사제 생활 20년을 넘기고서야 비로소 선배 신부님들을 존경하는 눈으로 바라보게 되었습니다. 사제로서 얼마나 잘 살았는지, 얼마나 많은 업적을 남겼는지 따위는 차치하고, 오늘까지 사제로서 살아온 것만으로도 선배 신부님들은 존경받을 만하다는 사실을 깨달았습니다.

잘 아시는 바와 같이 지금 우리 교회 그리고 교구는 많은 모순과 부조리를 가지고 있습니다. 그리고 지금 우리가 두 발을 딛고 사는 이 사회는 사제가 사제로서 자신을 지키면서 살아가기에는 너무 벅찬 곳입니다.

정신적인 가치보다 물질적인 가치를 더 소중하게 생각하고, 성실함보다는 기회 포착과 요령을 더 필요로 하고, 윤리 도덕적 기준보다 재미를 더 앞세우는 것이 현실입니다. 이런 현실 가운데서 하느님의 복음을 선포하면서 예수님의 가르침을 삶의 기준으로 삼고 살아간다는 것이 그리 쉬운 일이 아닙니다. 그리고 그 속에서 보람과 기쁨을 찾는다는 것도 쉬운 일이 아닙니다. 더구나 사제들이 하는 일이 눈에 확연히 드러나는 성과를 거둘 수 있는 일이 아닙니다.

그뿐 아닙니다. 우리 주위에는 얼마나 많은 유혹이 도사리고 있습니까? 여자, 돈, 퇴폐적인 사회 분위기, 공명심, 교회의 구조적인 모순과 부조리, 그에 대한 불만, 장상과 선배들에 대한 불만 등등 정말 많은 유혹들이 사제들을 포위하고 있습니다.

이런 환경 속에서 사제로서 자신을 지킨다는 것이 얼마나 힘든 노릇입니까?

제가 지금에 와서야 선배 신부님들을 존경하는 눈으로 바라보게 된 것은, 그분들이 완벽한 삶을 살았기 때문이 아닙니다. 잘 아시는 것처럼, 우리는 모여서 자주 주교를 욕하고 선배들을 비난하거나 우리가 몸담고 있는 교구에 대해서 불만을 토로하곤 했습니다. 말하자면 우리 교회는 허점투성이인 셈입니다. 이런 가운데서도 선배 신부님들은 사제로서 자신들을 지켜 왔고 교회를 이끌어 왔습니다. 저는 이 사실 하나만으로도 선배 신부님들은 존경받아 마땅하다고 생각합니다.

K신부님, 어차피 우리는 완벽한 인간으로 살 수 없을 뿐 아니라, 우리가 생각하듯이 그런 이상적인 사제의 모습으로 살아갈 수도 없습니다. 다만 우리는 예수의 모습을 보면서 그분을 닮으려고 노력할 뿐입니다.

신부님으로 하여금 사제직을 포기하도록 했던 가장 큰 원인이 무엇입니까? 여자입니까? 돈입니까? 교구나 장상 혹은 선배들에 대한 불만입니까? 교회가 안고 있는 모순과 부조리입니까? 사제로서의 보람을 찾지 못했기 때문입니까?

듣자 하니 신부님은 사제 생활에서 아무 보람도 찾지 못했기 때문에 사제직을 포기하기로 했다는군요. 그렇습니다. 바로 그것이 문제입니다. 저도 길지 않은 사제 생활 가운데서 온갖 유혹과 시련에 시달렸습니다. 아직도 저는 유혹 속에서 살고 있습니다. 그래서 사제로서 저의 삶은 위기의 연속입니다. 여자, 돈, 공명심, 교회에 대한 불만 따위가 다 사제직을 포기하도록 만드는 원인이 될 수 있습니다. 그러나 정말 큰 유혹은 바로 '나 자신'이었습니다.

저는 성실히 기도 생활을 하려고 최선의 노력을 기울였습니다. 가능한 한 규칙적인 생활을 하려고 애를 썼습니다. 그리고 저는 생활 리듬을 깨지 않기 위해서 노력했습니다. 무엇보다도 사제로서 자긍심을 잃지 않기 위해서 노력했습니다. 때로는 불필요한 곳까지 로만칼라를 하고 다녔습니다. 사제로서 자긍심을 잃지 않기 위해서였습니다.

제 자랑을 하려고 이런 이야기를 하는 것이 아닙니다. 인간적으로 결점투성이일 뿐 아니라 나약한 자신을 일으켜 세우기 위해서는 다른 도리가 없었습니다. 제 나름대로 사제로서 자신을 지키기 위해서 이런 노력을 하고 있습니다만, 저는 지금도 흔들리고 있습니다. 그러나 사제로서 살아가려고 기도하는 한 하느님께서 지켜 주실 것이라고 믿습니다.

저는 이제 눈에 보이는 성과라든지 보람 따위에 매달리지 않기로 했습니다. 위태위태하지만 사제로서 자신을 지키는 일에 매달리려고 합니다. 아마 무능한 사제라고 사람들이 비웃을 것입니다. 그래도 어쩔 수 없습니다. 구차스럽더라도 저는 사제로서 살고 싶습니다.

K신부님, 신부님이 사제직을 포기하기로 결단을 내리기까지 얼마나 많은 시간을 고뇌와 번민으로 보냈을 것인가를 생각하면 가슴이 아픕니다. 선배이면서도 아무 도움을 드리지 못한 것을 용서하십시오. 이것이 형제애를 부르짖는 교회의 분위기이자 모습이기도 합니다. 이왕에 사제직을 떠나 세속에서 살기로 결단하셨다면, 어쩔 수 없습니다. 세속에서의 삶은 보람 있고 행복한 삶이 되기를 진

심으로 축원합니다.

　신부님이 생각하는 것처럼 세상이 그렇게 만만하지는 않을 것입니다. 세속은 교회보다 훨씬 더 비정하고 냉혹한 곳일지도 모릅니다. 그러나 성실히 치열하게 고뇌하면서 살아가신다면 기쁨과 보람을 거둘 수 있을 것이라고 믿습니다. 언제나 뿌린 만큼 거두기 때문입니다.

　K신부님, 아직도 늦지 않았습니다. 다시 한번 신부님의 그 생각을 되돌릴 수는 없겠습니까?

02
사제는 갑(甲)인가? [2]

1. 요즘 한국 사회의 최대 화두는 갑을(甲乙)논쟁이다. 어떤 유제품 회사가 대리점에 밀어내기를 하다가 갑의 횡포라는 여론의 질타에 혼쭐이 나고 있다. 대기업 임원이 여객기에서 스튜어디스에게 라면을 두고 투정을 부리다가 폭력을 행사하는 바람에 온갖 망신을 당하고 직장마저 잃었다. 그 임원이 속했던 회사는 사과 광고도 냈다. 제과점 사장이 호텔 주차장에서 장지갑으로 호텔 직원에게 폭행을 하다가 제과점 문을 닫는 일도 벌어졌다. 애꿎은 종업원들만 덩달아 직장을 잃게 됐다. 프랜차이즈 지점의 주인이 본사의 횡포에 시달리다가 자살하는 사건도 있었다.

여론은 을(乙)이 박해받고 억울하게 고통당하는 사건이 끊임없이 일어나는 것은 힘센 갑의 횡포(橫暴)나 전횡(專橫) 때문이라고 말한다.

---

[2] 이 글은 『사목정보』(2013년 7월)에 기고했던 글이다.

2\. 본래 갑(甲) 을(乙)은 양자가 어떤 계약을 맺을 때 당사자들을 갑(甲) 또는 을(乙)로 지칭하는데서 생겨난 명칭이다. 계약을 맺으면서 대체로 주도권을 쥐고 있는 강자가 갑(甲)이 되고, 그 상대가 을(乙)이 되는 경우가 많아서 생겨난 명칭이다. 그래서 갑은 강자이고 을은 약자라고 생각한다.

3\. 지금 우리 사회에서 벌어지고 있는 갑을(甲乙)논쟁에서는 다분히 계급투쟁적인 냄새가 배어난다. 오래 전부터 우리 사회가 안고 있는 심각한 문제 중 하나가 양극화(兩極化)현상이다. 정치권을 포함해서 사회 구성원 모두가 양극화의 심각성을 인식하고, 문제 해결을 위해서 다각도로 노력하고 있지만 세월이 흐르면서 양극화가 해소되기는커녕 오히려 더 깊어지고 있다. 정치, 경제, 산업, 교육, 환경, 보건 등 거의 모든 분야에서 양극화는 깊어지고 가진 자와 못 가진 자, 누리는 자와 못 누리는 자, 높은 자와 낮은 자, 배운 자와 못 배운 자 사이에 갈등이 깊어지다 보니, 거의 모든 사건을 갑을(甲乙)논쟁이라는 구도 속에 넣고 보는 경향이 생겨나게 되었다. 심지어 국회에서는 「갑을관계 민주화법」이라 일컬어지는 「독점규제 및 공정거래에 관한 법률」 개정안을 발의하기도 했다(중앙 데일리 5.28일자). 어떤 정당은 을을 위한 당이 되겠노라고 했다.

4. 갑을(甲乙)논쟁은 편 가르기 논쟁이다. 편을 가르면 힘겨루기를 할 수밖에 없다. 갑은 갑의 위치를 고수하기 위해서 기득권을 지키려 하고, 을은 갑을 거꾸러뜨리기 위해서 힘을 기르고 투쟁하게 된다.

나는 개인적으로 갑을논쟁 자체를 좋아하지 않는다. 갑을논쟁은 끝없는 투쟁과 복수를 불러오고 사회 혼란과 분란을 일으키는 것이기 때문에 싫다. 생각해 보라. 가정에서 남편은 갑이고 아내는 을, 부모는 갑이고 자식은 을이라고 편 가르기 한다면 그 가정이 온존(溫存)하겠는가. 회사 안에서 사장과 임원은 갑이고 근로자들은 을이라고 생각한다면 그 회사가 제대로 굴러가겠는가. 학교 안에서 교사는 갑이고 학생은 을이라고 편 가르면 교육이 제대로 되겠는가. 심지어 국가와 중앙 정부는 슈퍼 갑이고 지방 자체 단체와 시민은 을이라는 말까지 한다. 갑을 프레임으로 세상을 바라보면 편 가르기와 힘겨루기를 할 수밖에 없지 않은가.

가족 구성원들이 가정이라는 한 배를 타고 있다고, 고용주와 고용인들이 회사라는 같은 배를 타고 있다고, 교사와 학생이 학교라는 한 배를 타고 있다고, 중앙 정부와 지방자치 단체 그리고 국민이 국가라는 같은 배를 타고 있다는 생각을 하면 안 될까.

내가 이런 말을 하면 스스로 을이라고 생각하는 사람들은 나를 갑 편에 서는 사람이라고 비난할 것이다. 그리고 나처럼 선명하지 않은 인간들 때문에 우리 사회의 양극화가 해소되지 않고, 갑을 논쟁이 더 격화된다고 말할 것이다.

5. 이렇게 비난을 받는 것도 일리가 있다. 그것은 갑의 잘못이요 책임이다. 신문에서는 '갑질'이라는 말을 쓴다. 나는 '갑질'이라는 말도 좋아하지 않는다. '~질'이라고 할 때, 접미사 '질'은 좋은 일에 붙이는 경우도 있지만, 대체로 낮잡아 보면서 나쁘게 말할 때 '질'을 붙여 쓴다. 예를 들면 톱질, 대패질, 망치질이라고 쓰는 것은 괜찮지만 서방질, 도둑질, 선생질, 주먹질, 발길질, 욕질, 싸움질, 신부질 따위로 사용할 때는 낮잡아 보는 나쁜 의미이다.

'갑질'이라는 말은 을이 갖지 못한 힘이나 재능, 지위나 돈, 권력이나 학식, 특정한 기능 따위를 이용하여 전횡을 일삼을 때 쓰는 말이다. 더구나 그 갑질이라는 것이 을로 하여금 자존심을 상하게 하거나 모멸감을 느끼게 하는 그런 것들이다. 장지갑으로 뺨을 친다든지, 신문지를 말아서 머리를 때린다든지 하는 따위, 아주 기분 나쁘게 하는 갑질은 을을 더욱 화나게 한다.

대기업의 갑질, 고용주의 갑질, 본사의 갑질, 중앙 정부의 갑질, 환경단체의 갑질, 조폭의 갑질, 부자의 갑질, 병원의 갑질, 의사의 갑질, 정규직 노동조합의 갑질, 여기다가 내가 시비를 걸려고 하는 사제의 갑질까지.

우리 사회의 약자인 을이 갑으로부터 얼마나 깊고 아픈 상처를 받았으면 갑질이라는 말까지 사용하게 되었을까.

6. 나는 지난 1월 4일자로 교구장 주교님으로부터 마산교구의 사무처장 겸 총대리라는 직책에 임명되었다. 본당에서 주임신부로 사목 생활을 할 때는 교회 안에서 갑을논쟁은 없다고 생각했다. 아니, 본당 사목을 하는 동안에는 갑을논쟁 따위에는 관심조차 없었다. 나는 사제(司祭)로서 나에게 맡겨진 소임(所任)을 다하면서 교우들과 행복하게 지내면 된다고 생각하고 열심히 살았다. 그런데 교구청의 총대리 자리에 와서 일을 하다 보니 그게 아니라는 사실을 알게 되었다.

까놓고 이야기하겠다. 한국 교회 안에서 사제는 갑인가 을인가. 한국 교회 안에서 평신도는 갑인가 을인가. 누구는 교구장 주교는 갑이고 사제들은 을이라고 대답할 것이고, 어떤 사람은 주임이나 본당 사제는 갑이고 평신도 교우들은 을이라고 대답하는 사람도 있을 것이다. 그러나 내 개인적인 생각을 말하자면 한국 교회 안에서 평신도들은 슈퍼 갑이고 사제들은 을이다. 그 이유를 뒤에서 밝히겠다.

7. 나는 본당 사목을 하는 동안 동료 사제들에 대해서 이런저런 소문을 듣기는 했지만, 구체적인 사실들에 대해서는 관심이 없었다. 독신 생활을 하는 사제들의 옹고집 같은 생활 태도는 어찌할 도리가 없다. 결혼하지 않았기 때문에 가정 생활을 하는 평신도들처럼 원만한 인격과 인간성을 닦을 수 있는 수양(修養)의 기회가 별로 없다는 것이 사제들에게는 결정적인 한계다. 나 자

신도 덜된 인간으로서 그렇게 살고 있다. 그래서 동료 사제들에 대한 이런저런 소문을 들어도 그러려니 하고 이쪽 귀로 듣고 저쪽 귀로 흘려보냈다.

한국 교회의 평신도들도 이런 사정을 너무나 잘 알기 때문에 사제들의 모나고 딱딱한 성품과 인격을 대체로 너그럽게 받아 주고 있다. 더구나 사제들이 하늘에서 뚝 떨어지거나 땅에서 불쑥 솟아오른 별종 인간들이 아니고, 평신도들의 가정에서 배출되었기 때문에 자기네 아들들처럼 사제들을 사랑하고 있을 뿐 아니라, 사제들을 위해서 정말 열심히 기도하고 있다.

8. 그럼에도 불구하고 총대리 자리는 묘한 곳이어서 교구 내에서 일어나는 본당 안에서의 갖가지 좋은 일들과 언짢은 일들, 사제들에 관한 소문들, 신도들에 관한 이야기들을 듣게 된다. 사제들의 갑질에 대한 평신도들의 불평불만의 소리를 들을 때는 정말 가슴이 답답하고 마음이 불편하다.

옛날과 달라진 것이 있는데, 요즘 평신도들은 자신들이 당하는 불편함이나 언짢음, 그리고 자신들과 본당 사제들과의 사이에서 벌어지는 갈등들을 가슴에 담아 두는 것이 아니고 밖으로 표출하고 드러낸다는 사실이다. 교구청으로 찾아와서 이런저런 호소를 하거나 편지를 보내거나 전화를 하는 것은 양반이다. 인터넷이나 SNS에 올리는 경우도 있는데, 이렇게 되면 진짜 골치가 아파진다. 정말 교회를 사랑하고 사제들을 사랑한다면, 제발 이런 짓은 안 했으면 좋겠다. 그렇다고 곪아터질 때까지 내버려두어야 한다는 말은 아니다.

사회에서 벌어지는 사건에 비하면 아무것도 아닌, 유치한 것들인데도 당하는 쪽에서는 심각한 상처로 여겨지기 때문에 이런 방식으로 그 아픔을 호소하는 것이라고 이해한다.

9. 평신도들이 호소하는 사제들의 '갑질'에 대해서 먼저 이야기하겠다. 앞서 나는 사제들은 슈퍼 갑 평신도들 앞에서 을이라고 말했다. 그럼에도 불구하고 을인 사제들이 갑질을 하는 까닭은 한국 교회의 성직자 중심주의 때문이다.

평신도들이 불평하는 사제들의 갑질은 이런 것들이다.

① 사제들이 본당 운영을 제 맘대로 한다. 주임 사제가 바뀔 때마다 미사 시간도 바뀌고 성당 구조도 바뀌고 사무장도 갈아치우고 등등
② 해치우듯이 성찬전례와 성사를 집행한다. 미사나 성사는 해치우는 것이 아니다.
③ 강론을 불성실하게 한다.
④ 고해성사 한 번 볼라치면 죽을 맛이다.
⑤ 인사성이 없다.

⑥ 말을 함부로 하고 예의가 없다.
⑦ 상식에 미치지 못하는 유치한 언행을 하면서도 부끄러운 줄 모른다.
⑧ 금전 처리와 재정(財政) 관리가 불투명하다.
⑨ 주일미사에서 위로 받기는커녕 실컷 꾸중만 듣고 집으로 돌아간다. 주일미사가 아주 고역이다.
⑩ 생일, 서품일, 영명축일, 은경축일, 회갑, 고희 따위 온갖 기념일을 다 챙겨 줘야 한다.

끝없이 나열할 수 있지만 누워서 침 뱉는 꼴이니 이 정도로 그치자. 사제들의 갑질이라는 것은 자신들의 고유한 권한이며 의무인 직무사제직을 불성실하게 수행하기 때문에 벌어지는 일들이다. 그럼에도 불구하고 슈퍼 갑 평신도들은 사제들이 지닌 직무 권한을 자신들은 지니고 있지 않기 때문에 고스란히 당하는 입장이 된다. 그런데다가 한국 교회의 성직자 중심주의는 슈퍼 갑 평신도들을 늘 을인 것처럼 순치(馴致)시키고 있다. 그래서 평신도(平信徒)들은 자신들을 병신도(病身徒)라고 자조(自嘲)하기도 한다.

10. 이제 슈퍼 갑 평신도들에 대해서 이야기할 차례이다. 한국 교회에서 평신도들이 슈퍼 갑일 수밖에 없는 것은,

① 모든 성직자와 수도자들이 평신도들의 가정에서 배출된다.
② 교회 운영과 사제들의 생활은 온전히 평신도들의 교무금과 주일헌금에 의존하고 있다.
③ 평신도들이 없으면 사제들의 존재 이유도 없어진다.
④ 사제가 없는 교회는 있을 수 있지만, 평신도 없는 교회는 생각할 수 없다.
⑤ 직무사제직은 일반 사제직을 바탕으로 하고 있다. 그 밖에도 여러 가지를 열거할 수 있지만 이 정도만 이야기하자.

평신도들은 슈퍼 갑임에 틀림이 없다. 이렇게 평신도들이 한국 교회의 슈퍼 갑임에도 불구하고 늘 을처럼 느끼는 것은 자신들이 슈퍼 갑이라는 사실을 인지하지 못할 뿐 아니라, 을인 사제들이 직무사제직을 방편 삼아 평신도들을 을처럼 교육하고 순치시켰기 때문이다.

사제들은 자신들만 지닌 직무사제직을 통해서 성사와 성찬전례를 거행할 수 있고, 이를 통해서 은총의 시혜자(施惠者)로서 평신도들 앞에서 갑 행세를 하게 되고, 평신도들은 수동적인 수혜자(受惠者)로서 슈퍼 갑의 위치를 망각하고 자신들을 을이라고 생각하게 된다.

11. 한국 교회는 평신도들의 주도로 설립되었다. 그러나 초기

선교사들과 성직자들은 한국의 뿌리 깊은 가부장적(家父長的) 유교 전통을 이용해서 스스로 슈퍼 갑이 되고, 평신도들은 성직자나 사제가 없으면 아무것도 할 수 없는 을이 되어 버렸다. 그래서 초기 한국 교회 평신도들은 사제와 선교사들을 영입하기 위해서 목숨을 걸게 된다. 실제로 수많은 평신도들이 선교사들과 사제를 영입하는 과정에서 순교하게 된다. 정하상 바오로 성인이 대표적이다. 한국 교회의 자랑인 순교 성인들의 대부분이 평신도들이라는 사실도 이를 잘 말해 주고 있다.

제2차 바티칸 공의회는 4개의 헌장을 발표하였다. 모든 헌장이 다 중요하지만, 「교회에 관한 교의 헌장」(인류의 빛 Lumen Gentium)은 핵심 헌장이다. 「교회 헌장」의 구성을 보면 이렇다. 제1장 교회의 신비, 제2장 하느님의 백성, 제3장 교회의 위계 조직, 특히 주교직, 제4장 평신도, 제5장 교회의 보편적 성화 소명, 제6장 수도자, 제7장 순례하는 교회의 종말론적 성격, 그리고 천상 교회와 그 일치, 제8장 그리스도와 교회의 신비 안에 계시는 천주의 성모 복되신 동정 마리아

교회 헌장은 주교, 평신도, 수도자들을 다루면서 사제들만 쏙 빼 버린다. 주교와 평신도의 지위와 위치는 높아진 반면 사제들의 지위는 상대적으로 낮아진 것은 분명하다. 그래서일까. 공의회가 끝나자 교회는 혼란에 휩싸였고 한꺼번에 수천 명의 사제들이 환속하는 사태가 벌어진다.

12. 평신도들은 자신들이 슈퍼 갑임에도 불구하고 사제들로부터 갑질을 당한다. 교회 헌장 37항은 이렇게 말하고 있다. "평신도들은 모든 그리스도인처럼 교회의 영적 보화에서 특히 하느님의 말씀과 성사들의 도움을 거룩한 목자들에게 풍부히 받을 권리가 있으며…… 평신도들은 그들이 갖춘 지식과 능력과 덕망에 따라 교회의 선익에 관련되는 일에 대하여 자기 견해를 밝힐 권한이 있을 뿐 아니라 때로는 그럴 의무까지도 지닌다."

늘상 스스로를 을이라고 생각하는 평신도들도 사제들의 갑질에 불만을 토로하기 시작했다. 위에서 밝힌 그런 갑질에 대한 불만들이다. 불만을 사제 앞에서 직접 토로하기가 쉽지 않기 때문에 교구청에 호소한다. 시민들이 행정기관에 민원(民願)을 제기하듯이 한다. 그러나 게는 가재 편이어서, 평신도들이 원하는 대로 잘 되지 않는다.

이때부터 슈퍼 갑 평신도들의 진짜 갑질이 시작된다. 평신도들의 갑질은 사제들의 갑질과는 차원이 다르다. 무서운 갑질이다. 여러 가지를 이야기할 수 있겠지만 한 가지만 이야기하겠다. '가나안 신자'가 되는 것이다.

'가나안 신자'는 최근에 신문지상에서 알게 된 용어다.(조선일보 5월 3일자 문화면) 주로 개신교 신자들을 대상으로 사용하는 말이다. '안 나가 신자'를 듣기 좋게 '가나안 신자'라고 한다. 가톨릭에서는 '냉담 신자' 또는 '쉬는 교우'라고 한다. '소속 없는 신앙(believing without belonging)' 또는 '교회 없는 기독인(unchurched Christian)'을 가나안 신자라고 한다. 통계 작성이나 여론 조사를 할 때, 천주교 신자 혹은 개신교 신자라고 당당하게 대답하면서도 성당이나 교회에는 나가지 않는 신자를 말한다.

가나안 신자가 되는 이유나 원인이 여러 가지가 있다. 그중 가장 큰 원인이 사제들의 갑질이다. 저 신부 갑질 꼴 보기 싫어서 안 나간다, 저 신부 떠나고 나면 나가겠다고 하다가 진짜 가나안 신자가 되고 만다. 이게 슈퍼 갑 평신도의 갑질이다.

평신도의 갑질 앞에서는 하느님도 속수무책이다. 체포 영장을 발부할 수도, 벌금을 매길 수도 없다. 그걸로 그만이다.

한국 가톨릭의 주일미사 참례자 비율이 전체 신자 대비 20% 선에 머물고 있다는 것이 무엇을 의미하는지 생각해 보면 좋겠다. 왜 많은 신자들이 교회를 떠나는지 숙고할 일이다.

13. 스승이요 주님이신 예수님은 절대 갑이다. 예수님은 절대 갑이기 때문에 제자들 앞에 무릎을 꿇고 더러운 발을 씻길 수도 있고, 십자가를 지고 죽음의 언덕을 오를 수도 있다. 절대 갑은 가장 낮은 자리에서도 갑이고 높은 자리에서도 갑이다. 어디서나 변함없이 갑이다. 백성들이 예수님을 십자가에 매달고 내려오면 믿겠노라고 조롱해도 내려오지 않았다. 십자가 위에서 죽어도 절대 갑이기 때문이다.

절대 갑 예수님은 당신 몸인 교회 안에서 갑은 무엇이며 을은 또 무엇이냐고 호통치신다. 그리고 이렇게 말씀하신다. "너희 가운데에서 높은 사람이 되려는 이는 너희를 섬기는 사람이 되어야 한다. 첫째가 되려는 이는 너희의 종이 되어야 한다. 사람의 아들도 섬김을 받으러 온 것이 아니라 섬기러 왔고, 또 많은 이들의 몸값으로 자기 목숨을 바치러 왔다."(마태오 20,26-28)

"주님이며 스승인 내가 너희의 발을 씻었으면, 너희도 서로 발을 씻어 주어야 한다. 내가 너희에게 한 것처럼 너희도 하라고, 내가 본을 보여 준 것이다."(요한 13,14) "나는 포도나무요 너희는 가지다. 내 안에 머무르고 나도 그 안에 머무르는 사람은 많은 열매를 맺는다."(요한 15,5) "이것이 나의 계명이다. 내가 너희를 사랑한 것처럼 너희도 서로 사랑하여라. 친구들을 위하여 목숨을 내놓은 것보다 더 큰 사랑은 없다. 내가 너희에게 명령하는 것을 실천하면 너희는 나의 친구가 된다. 나는 너희를 더 이상 종이라고 부르지 않는다."(요한 15,12-15)

절대 갑 예수님 앞에 갑을논쟁 자체가 어리석음이요 부질없는 것이다. 예수님은 당신이 절대 갑인 것처럼 우리도 절대 갑이 되라고 초대하신다. 절대 갑이 되기 위해서는 지금 하고 있는 갑질을 그만두어야 한다.

사도 바오로의 다음 말씀도 새겨들어야 한다. "몸은 하나이지만 많은 지체를 가지고 있고 몸의 지체는 많지만 모두 한 몸인 것처럼, 그리스도께서도 그러하십니다. 여러분은 그리스도의 몸이고 한 사람 한 사람이 그 지체입니다."(1코린토 12,12.27)

교회 안에 갑을은 없다. 약하다고 생각되는 지체를 더 소중하게 여기고, 덜 소중하다고 생각하는 지체를 특별히 소중하게 감싸는 (1코린토 12,22-23) 동체자비행(同體慈悲行)이 필요하다. 자신들에게 부여된 소명을 겸손하고 성실하게 수행하는 것이 절대 갑이 되는 길이다. 동료 사제들에게 꼭 한 가지 당부(當付) 드리고 싶은 것이 있다. 상식선에 머물러 주면 좋겠다.

03
사제의 아름다운 손
– 손의 영성(靈性) 3 –

1. 작자(作者) 미상(未詳)의 시 한 편

사제의 아름다운 손

우리가 인생의 유년기를 시작할 때
삶의 마지막 여정을 마치는 마지막 시간에
우리는 사제들의 손을 필요로 합니다.
그들이 베푸는 참된 우정의 체온을
우리는 그 손길에서 느낄 수 있습니다.

성세성사를 통해
죄에 물든 우리를 천사처럼 순결하게 만드는 손

---

3 이 글은 부산가톨릭대학교 신학대학 교지 『다못터』(12호/2006)에 실었던 것이다.

그 손은 다름 아닌 사제의 아름다운 손

매일매일 제단에서 바치는 미사를 통해

어좌에 앉은 임금의 모습을 보듯

우리는 그 손을 보느니

그들 자신의 장점과 위대함이 아무리 결여된다 해도

사제의 품위는 항상 빼어나고

아침의 고요 속에

태양이 서서히 그 모습을 드러낼 무렵

영성체로 우리를 주님과 일치시키는 깨끗한 손

그 손은 다름 아닌 사제의 아름다운 손

나약한 우리가 시시로 죄와 유혹에 빠져서

길을 잃고 방황할 때

그 부끄러움, 그 잘못 단 한 번도 아니고

거듭거듭 사해 주는 거룩한 손

사람들이 인생의 반려자를 구해 결혼식을 올릴 때

주님께 대한 사랑의 약속으로 수도 서원을 할 때

다른 손들은 잔치를 준비하느라 분주하지만

사랑의 약속을 하나로 묶어 축복해 주는 고마운 손

그 손은 다름 아닌 사제의 아름다운 손

그리고 마침내 그 어느 날
우리의 눈썹에 죽음의 슬픈 이슬이 맺힐 때도
희망과 용기를 잃지 않게 하는 손
주님의 영원한 축복 속에 우리의 두 눈을 감겨 주는
사제의 아름다운 손을 우리는 진심으로 감사합니다.

- 이해인 편역 -

  십수 년 전, 시골 본당에서 사목하고 있을 때의 일이다. 사제 정기 피정을 떠나는 날, 본당에서 함께 사목 활동을 하고 있던 수녀님이 쪽지 한 장을 내밀었다. 무심코 받아서 성경 속에 끼워 넣고 피정집으로 향했다. 피정을 하는 동안 그 쪽지를 꺼내어 보니 '사제의 아름다운 손'이라는 시(詩)가 들어 있었다. 피정 기간 내내 이 시(詩)를 읽고 묵상하면서 나의 손을 보았다.

  결코 아름다운 손이라 할 수 없는 나의 보잘것없는 손을 통해서 스승이요 주님이신 예수님께서 하시는 일이 너무도 놀라워서 감탄하고 감사하며 피정을 마쳤던 기억이 생생하다.

  나는 아직도 자색(紫色) 한지(韓紙)에 붓펜으로 정성스럽게 쓴 이 시(詩)를 지니고 있다. 사제로서 나의 삶이 고달프고 메마르다고 느낄 때마다 이 쪽지를 꺼내어 읽어 본다. 그리고 내 손을 펴 보며 사제로서 나의 자세와 삶의 모습을 다시 가다듬고 힘과 용기를 얻는다.

2. 하느님의 손

바티칸의 시스티나 경당은 교황을 선출하는 자리로 유명하다. 그러나 시스티나 경당은 미켈란젤로의 프레스코 벽화와 천정화로 더 유명하다. 제대 뒤 벽면에는 '최후의 심판'이, 천지창조와 예언자들의 모습이 그려진 천정 중앙에는 하느님께서 아담을 창조하는 장면이 있다. 하느님의 손가락과 아담의 손가락이 마주 닿을 듯 그려진 장면을 통해서 미켈란젤로는 하느님께서 손으로 세상과 사람을 창조하셨음을 나타내고 있다.

고개를 젖히고 그 장면을 한참 바라보고 있으면 아담이 꿈틀거리며 그림 밖으로 걸어 나올 것 같은 착각에 빠진다.

창세기 2, 7은 하느님께서 사람을 흙으로 빚으시고, 그 코에 생명의 숨을 불어넣으셨다고 기록하고 있다. 마치 도공(陶工)이 흙으로 도자기를 빚듯이, 조각가가 진흙으로 작품을 조각하듯이 하느님은 손으로 사람을 빚어 만드셨다.

실제로 온 세상은 하느님의 손길이 닿아서 아름답고 조화로운 모습으로 창조되었다. 해와 달과 밤하늘의 별들을 보라. 하느님의 손길이 닿지 않았다면 저토록 밝고 뜨겁고 아름답고 화려한 모습의 별들이 존재할 수 있겠는가? 질서정연하게 시간과 때를 맞추는 천체(天體)들의 운행(運行)은 수천만 년 동안 변함이 없다.

　천사를 닮은 아기의 초롱한 눈빛과 해맑은 미소를 보라. 하느님의 손길이 느껴지지 않는가. 하늘의 나는 새들, 땅 위를 걷거나 기는 온갖 짐승들, 물속을 자유로이 헤엄치며 살아가는 갖가지 짐승과 물고기의 모습은 한결같이 하느님의 손길을 느끼게 한다.

　봄이 되면 삭정이처럼 메말라 있던 까만 가지에서 연록의 여린 새싹이 돋아난다. 기적(奇蹟)이 따로 있는가. 메마른 가지 끝에서 주먹만 한 흰 목련(木蓮)이 피어나고 눈이 시릴 정도로 화사한 벚꽃 송이들이 구름처럼 피어나는 광경은 또 어떤가? 생명 충만한 청록색 여름을 지나 가을이 오면, 나무들은 저마다 갖가지 색깔의 화려하고 황홀한 옷으로 갈아입고 겨울 맞을 채비를 한다. 하느님의 손길은 이토록 놀랍고 조화롭고 아름답다.

　우리는 주일과 대축일에 아침기도를 바치면서 이렇게 노래한다.
"주님의 모든 업적들아 주님을 찬미하라. 주님의 모든 천사들아, 하늘의 군대들아, 하늘 위의 물들아, 주님의 모든 능력들아, 해야 달아, 하늘의 별들아, 비와 이슬아, 모든 바람아, 불과 열아, 추위와 더위야, 이슬과 소나기야, 추위와 냉기야, 얼음과 눈들아, 밤과 낮들아, 빛과 어두움아, 번개와 구름아, 땅아, 산과 언덕들아, 땅에서 싹트는 모든 것들아, 샘들아, 바다와 강들아, 고기와 물에 사는 모든 것들아, 하늘의 새들아, 짐승과 가축들아, 사람의 아들

들아, 이스라엘아, 주님의 사제들아, 주님의 종들아 주님을 찬미하라"(다니엘 3,51-90 참조)

천지(天地)사방(四方)에 하느님의 손길은 감추어져 있다. 가을 코스모스와 억새꽃을 어루만지며 스쳐가는 바람결에도 하느님의 손길은 감추어져 있고, 찬 서리 속에서 정절을 자랑하듯 아름답게 피어 있는 국화꽃의 그윽한 향기 속에서 하느님의 손길을 감지할 수 있다.

예수님은 산상수훈에서 이렇게 말씀하신다. "행복하여라, 마음이 깨끗한 사람들! 그들은 하느님을 볼 것이다."(마태 5,8) 청정심(淸淨心)의 소유자는 언제 어디서나 하느님의 손길을 감지할 수 있고, 불가마 속에서도 노래했던 세 청년 사드락과 메삭과 아벳 느고처럼 하느님을 찬미할 수 있다.

3. 사람의 손

사람은 본래 흙덩이에 불과하지만 하느님의 손길이 닿아서 사람이 되었다. 하느님의 손길 뿐 아니라 하느님으로부터 '생명의 숨'(창세 2,7)을 받아서 사람이 된 인간은 '하느님의 모습'(창세 1,27)을 지니게 되었다.

하느님의 모습을 지닌 인간은 하느님께서 손으로 사람과 세상을 창조하신 것처럼 '손'으로 문화(文化)를 만들어 간다. 이런 뜻에서 인간의 문화(文化)는 제2의 창조(創造)일 뿐 아니라 하느님의 창조 사업에 참여하는 것이다.

철학(哲學)에서는 사람을 'homo faber(工作人)'라고 정의한다. 대단히 성경적(聖經的)이고 신학적(神學的)인 정의이다. 사람이 'homo sapiens(叡智人)'라고 할지라도 손이 없었다면 지금처럼 첨단 과학 기술을 구사하는 인간으로 진화하지 못하고 저급한 동물로 퇴화했을지 모른다.

에드워드 타일러는 『인류학: 인간과 문명에 관한 연구(Anthropology: An Introduction to the Study of Man and Civilization)』이라는 저서에서 다음과 같이 말했다.

"손은 인간이 만물의 영장이 될 수 있는 가장 결정적인 이유 중 하나다. 명확하게 밝혀지지는 않았지만 손을 사용하는 것이 인간의 지능 발달에 큰 영향을 준 것은 분명하다. 인간은 여러 가지 물체들과 접촉할 때 그것들을 각기 다르게 배열한 다음 가장 간편한 방식으로 비교하고 측량한다. 이것이야말로 정확한 지식 또는 과학의 기초이다."[4]

말하자면 인간이 만물의 영장이 될 수 있었던 것은 손을 가지고 있기 때문이다.

손을 가진 인간은 자신의 생각과 사상(思想)과 감정(感情) 등 눈

---

4 샤오춘레이, 『욕망과 지혜의 문화 사전 몸』, 유소영 옮김, 푸른숲, 2006. 277쪽

에 보이지 않는 추상적(抽象的)인 것들을 손을 사용하여 눈에 보이는 구체적(具體的)인 것으로 만들어 낸다. 인간이 만들어 낸 것들, 즉 눈에 보이는 구체적인 모든 것들은 보이지 않는 인간 예지(叡智)의 표현이다. 동시에 인간은 손으로 만든 것들을 사용하여 자신의 생각과 사상과 감정을 역으로 표현하기도 한다.

예를 들면 내가 사랑하는 사람을 위하여 뜨개질을 하여 따뜻하고 예쁜 목도리를 만들 수도 있고, 반대로 이미 만들어진 목걸이나 반지 따위를 내가 사랑하는 사람에게 선물하여 나의 사랑을 표현할 수도 있다.

우리나라 사람들은 젓가락질을 잘한다. 젓가락으로 콩이나 쌀 같은 낱알도 집을 수 있을 만큼 그 손길이 섬세하다. 여성들이 실뭉치와 대바늘 하나로 능수능란하게 장갑이나 목도리, 손가방이나 옷가지들을 짜 만들어 내는 것을 보면 감탄하지 않을 수 없다. 우리 민족의 이런 섬세한 손놀림이 전 세계 IT분야를 선도하고 있다.

사람에게 손이 없다면 모차르트나 베토벤, 브람스나 쇼팽의 아름다운 음악도 들을 수 없다. 연주가들은 갖가지 악기를 사용하여 위대한 작곡가들의 음악을 아름다운 소리로 재현한다. 바이올린이나 피아노, 첼로나 클라리넷을 연주하는 연주가들의 손놀림을 보노라면, 저건 사람이 아니라 귀신이라고 할 만큼 현란하다.

아름답고 감미로운 소리는 악기에서 나오는 것이 아니라 사실상 연주자의 손끝에서 나온다.

오선지(五線紙)에 그려진 악보만으로는 아무 소리도 들을 수 없다. 하얀 종이 바탕 위의 악보 속에서 침묵으로 잠자고 있던 음악 선율이 악기를 연주하는 연주가의 손길을 통해서 비로소 아름다운 소리로 되살아난다.

그 음악을 듣는 사람은 때로는 흐느끼기도 하고 감격에 사로잡히기도 한다. 때로는 기쁨과 환희와 감탄에 빠지기도 한다. 오케스트라를 지휘하는 지휘자의 손끝은 마법사의 손끝처럼 천둥과 폭풍우를 몰고 오기도 하고 산들바람과 감미로운 새소리와 졸졸거리는 물소리를 들려주기도 한다.

음악뿐이겠는가? 조각과 그림들을 보노라면 인간의 두 손이 얼마나 위대한 능력을 지녔는지를 실감한다. 미켈란젤로의 조각 소년 다비드상과 관련하여 이런 일화(逸話)가 있다. 대리석으로 소년 다비드상을 조각한 미켈란젤로는 자신이 조각한 작품에 스스로 감동하여 이렇게 소리쳤다는 것이다.

"말을 해! 왜 말을 안 해! 말을 하란 말이야!"

비록 조각품을 살아 있는 소년 다비드처럼 만들었다 할지라도 대리석은 대리석일 뿐 사람이 될 수는 없다. 미켈란젤로는 소년 다비드가 꿈틀거리며 좌대(座臺)에서 걸어 내려와 말을 하기를 바랐을 것이다. 그러나 대리석은 대리석이지 사람이 아니다.

흙덩이를 빚어 사람을 만든 하느님의 손과 대리석 돌덩이를 쪼아 소년 다비드상을 조각한 사람의 손은 근원적으로 다르다. 그렇다고 하더라도 미켈란젤로라는 걸출한 조각가의 손이 닿지 않았더라면 보통 돌덩이로 그냥 남아 있었을 대리석덩이가 그의 손이 닿았기에 살아 있는 듯한 소년 다비드상으로 태어나게 된 것이다. 이토록 사람의 손은 평범한 돌덩이를 위대한 작품으로 만들 능력을 지니고 있다. 전 세계의 문화유산들은 인류가 두 손을 사용하여 이룩한 역사의 기록이다.

인간은 자신의 감정을 두 손으로 표출한다. 사랑하는 부부(夫婦)가 서로 마주잡은 손, 부모 자식이 마주잡은 손, 연인(戀人)들이 마주잡은 손보다 더 아름답고 힘 있는 손이 있을까? 마주잡은 손을 통해서 서로의 사랑이 흘러가고 흘러온다. 아무리 큰 불행과 시련이 닥쳐도 마주잡을 수 있는 손을 가진 사람은 결코 쓰러지지 않는다.

오랜만에 만난 친구는 악수(握手)로써 서로의 우정을 표시한다. 엄지손가락을 치켜들면서 서로를 격려하며 시합에 나서는 운동선수들을 보면, 싸울 힘이 엄지손가락에서 나오는 듯한 느낌이 든다. 도대체 새끼손가락에 어떤 힘이 있기에 사람들은 약속을 할 때 새끼손가락을 거는 것일까? 이 땅에서의 삶을 마감하는 순간에 누군가의 손을 잡고 이 세상을 하직할 수 있다면 그는 행복한 삶을 산 사람이다.

　사람은 두 손으로 아름답고 위대한 문화(文化)를 만들어 하느님의 창조 사업에 참여하기도 하고 서로의 사랑을 손으로 표현하기도 한다. 그러나 두 손으로 온갖 범죄를 저지르기도 하고 자신의 무덤을 파고 그 무덤 속에 빠져서 파멸하기도 한다.

　인류 최초의 살인범죄(殺人犯罪)는 형이 아우를 죽이는 동기(同氣) 살해(殺害)이다. 형 카인은 동생 아벨을 들로 데리고 나가서 덤벼들어 쳐 죽인다. 물론 두 손으로.(창세 4,8) 두 손이 없었더라면 입으로 물어 죽였을까?

　노아의 홍수 이후 인류는 태평성대를 누리면서 손으로 도시를 건설한다. 여기저기 집을 짓고 다리를 놓고 갖가지 조각품으로 거리를 장식하면서 도시를 세운다. 두 손의 능력을 믿었던 인간들은 급기야 하늘 끝닿은 탑을 쌓고, 하늘로 걸어 올라가서 하느님을 끌어내리고 스스로 하느님이 되려는 야심(野心)을 품는다.

　비록 인간이 솜씨를 자랑하는 두 손을 지녔다고 하더라도 인간은 인간이지 인간 이상이 될 수는 없다. 인간은 두 손으로 무엇이든지 할 수 있다는 오만함으로 하느님도 될 수 있다고 착각한다.

　그러나 하느님은 인간들의 말을 뒤섞어 놓음으로서 인간의 야심을 좌절시키고 만다. 인간이 세우려고 했던 탑이 바벨이다.(창세 11,1-9)

인간들의 이런 착각은 지금도 계속되고 있다. 두 손으로 못할 일이 없다고 생각하고 별별 짓을 다한다. 하늘에 우주선과 비행기를 만들어 날리면서 새들보다 더 높이 더 멀리 더 빨리 날 수 있다고 으스댄다. 바다에 갖가지 배들을 만들어 띄우고 고래나 물고기들보다 더 잘 헤엄칠 수 있다고 자랑한다. 전기를 만들어 밤을 낮처럼 환히 밝히면서 태양이나 달이 없어도 살 수 있는 것처럼 착각한다. 끝내 정교한 손놀림을 자랑하면서 체세포 복제와 조작으로 사람을 만들어 낼 수 있다고 장담한다.

그러나 인간들이 자신이 누구인지를 망각한 채 오만함으로 쌓아올린 바벨탑의 한 구석이 조금씩 무너지고 있다는 사실도 잊어서는 안 된다. 환경 오염과 자연 질서의 파괴로 지금 인류는 대재앙(大災殃)에 직면해 있다. 가슴 하나 가득 미움과 증오, 탐욕과 적개심을 품고 있는 정치인들이 장난감처럼 매만지고 있는 핵폭탄들이 폭발하는 날 인류는 한순간에 절멸하고 말 것이다. 생명 조작으로 이 세상에 어떤 괴물이 나타날지도 알 수 없는 노릇이다.

사람의 손끝은 축복(祝福)을 불러들이기도 하지만 재앙(災殃)과 파멸(破滅)을 불러들이기도 한다.

예수께서는 이렇게 말씀하신다. "네 손이 너를 죄짓게 하거든 그것을 잘라 버려라. 두 손을 가지고 지옥에, 그 꺼지지 않는 불에 들어가는 것보다, 불구자로 생명에 들어가는 편이 낫다."(마르코 9,43) 두 손을 가지고 있기에 만물의 영장이 되었음을 자랑할 것이 아니라, 그 두 손으로 지옥을 만들지 않도록 기도해야 하리라.

  1992년 이태리에서 마니 풀리테(Mani Pulite : 깨끗한 손) 부패추방 운동이 벌어져 정치판을 뒤엎었던 사건이 있었다. 당시 검사 안토니오 디 피에트로(Antonio di Pietro)는 4천여 명의 이태리 정치가들과 기업가들을 수뢰(受賂)와 뇌물공여(賂物供與) 등의 혐의로 기소한다. '깨끗한 손' 운동으로 이태리 정치가 달라지리라는 희망을 가졌지만, 4년여를 끌어오던 전 총리 줄리오 안드레오티(Julio Andreotti)의 마피아 연루 혐의가 1999년 무죄 판결을 받자 7년 동안 계속되던 마니 풀리테 운동도 용두사미(龍頭蛇尾) 격으로 사라지고 만다.

  마니 풀리테(부패추방) 운동이 있었지만, 지금도 더러운 손을 가진 정치꾼들과 더러운 손을 지닌 장사꾼들이 서로 야합하여 권력을 장악하고 이익을 챙기는 일을 계속하고 있다.

  두 손을 잘라 버리라는 예수의 가르침을 실천한다는 것이 얼마나 어려운지 잘 말해 주는 사건이다. 몇몇 무슬림 국가에는 지금도 절도나 도박 따위의 범죄를 저지르는 사람들의 손을 자르는 형벌을 가하고 있다.

  비록 두 손을 자른다고 하더라도 탐진치(貪瞋痴) 삼독(三毒)으로 더럽혀진 가슴을 가지고 있는 한, 맑고 아름다운 세상은 찾아오

지 않는다. 손을 자르거나 씻을 일이 아니라, 마음을 씻어야 한다.(마르코 7,1-23)

4. 예수의 손

'예수의 손' 하면, 제일 먼저 떠오르는 것이 있다. 십자가에 못 박힌 손이다. 처참한 모습으로 축 처진 몸체를 지탱하기에도 힘겨운 십자가에 못 박힌 예수의 두 손. 십자가에 못 박힌 예수의 두 손은 아무것도 할 수 없는 무능하고 무력한 손이다. 그러나 그 손을 통해서 우리는 하느님의 손길을 감지한다. 피 흘리며 넓게 벌린 양팔이 온 인류를 품어 안으시는 하느님의 손길임을 안다.

하느님은 인간이 자신의 솜씨를 뽐내고 자랑할 때는 언제나 침묵하신다. 그러나 인간이 자신의 무능과 무력함을 고백하고 하느님께 귀의(歸依)할 때, 그 무능하고 무력한 손을 통해서 당신 권능의 손길을 펼치신다.

예수의 손은 십자가에 못 박히기 이전에도 사실은 아무것도 할 수 없는 무능하고 무력한 손이었다. 예수가 자신의 두 손으로 정말 잘할 수 있었던 것은 톱질, 대패질, 망치질 따위였다. 생계(生計)를 위해서 아버지 요셉으로부터 배운 목수 기술 말고는 잘할 수 있는 것이 별로 없었다. 그러나 하느님은 무능하고 무력한 예수의 손을 통해서 당신의 권능을 펼치신다. 예수는 철저하게 하느님께 귀의(歸依)하고 하느님 권능에 자신을 내맡기신 분이기 때문이다.

예수의 손은 대자대비(大慈大悲)하신 하느님의 권능이 드러나는 자리이다. 예수께서는 "주님! 주님께서는 하고자 하시면 저를 깨끗하게 하실 수 있습니다." 하고 엎드려 절하는 나병 환자를 어루만지시며 "내가 하고자 하니 깨끗하게 되어라." 하고 말씀하신다. 그러자 나병 환자는 깨끗해진다.(마태 8,1-4) 예수는 열병으로 드러누워 괴로워하는 베드로의 장모의 손을 잡으신다. 부인은 자리를 털고 일어나 예수와 그 일행을 시중든다.(마태 8,15) 회당장 야이로의 죽은 딸을 일으키실 때도 예수께서는 소녀의 손을 잡으신다.(마태9,25) 두 장님의 눈을 열어주실 때도 그들의 눈에 손을 대시며 "너희가 믿는 대로 되어라." 하시자 그들의 눈이 열린다.(마태 9,29-30)

갖가지 질병으로 고통의 바다[苦海]에 빠져 허우적거리는 인생들에게 예수의 두 손은 새 삶을 선사하는 구원의 손길이다. 예수의 손길이 닿는 곳마다 하느님의 대자비(大慈悲)가 현실이 된다. 예수의 손길을 통해서 병마(病魔)에서 해방된 사람은 봉사의 새 삶을, 어둠에서 벗어나 눈을 뜨게 된 장님은 밝은 새 삶을, 죽음에서 벗어난 사람은 부활의 새 삶을 산다.

오천 명 넘는 군중 앞에서 예수께서는 빵 다섯 개와 물고기 두 마리를 손에 들고 하늘을 우러러 감사의 기도를 드리신 다음 빵을 떼어 제자들에게 나누어 주신다. 군중들이 나누어 먹고 남은 빵 조각이 열두 광주리나 된다.(마태 14,19- 21)

예수의 손은 마법사의 손이 아니다. 예수는 돌을 빵으로 만들 수 있는 능력을 지니지 않았다.(마태 4,2-4) 그러나 배고픈 군중을 불쌍히 여기시는 하느님께서는 예수의 손을 통해서 그들의 주린 배를 채워 주신다.

지난날 이스라엘이 척박하고 거친 광야에서 40년 동안 굶어 죽지 않고 살아남았던 것도 하늘에서 만나를 내려 주신 하느님의 손길이 있었기 때문이다. 만나와 메추라기를 내려주시던 하느님의 손길이 예수의 두 손을 통해서 역사(役事)하고 있고 예수 주변에 모인 사람들은 하늘이 내려 주는 또 다른 만나를 먹는다.

감히 스승 예수처럼 물 위를 걷겠노라 덤벼들다가 호수에 빠져 익사 직전의 위기에 처한 베드로를 예수께서는 손을 내밀어 건져 주신다. 그리고 이렇게 말씀하신다. "이 믿음이 약한 자야, 왜 의심하였느냐?"(마태오 14,31) 예수께서 외면하셨더라면 베드로는 물귀신이 되고 말았을 것이다.

우리 인생행로(人生行路)는 바다를 항해(航海) 하는 것과 같다. 어찌 늘 순풍 불고 물결 잔잔한 날만 있기를 기대하랴. 때로 상상할 수 없는 성난 바람과 노도(怒濤)를 만나서 절체절명(絶體絶命)의 위기에 빠질 수도 있다. 그럴 때라도 좌절하거나 포기하면 안 된다. 하늘을 우러러 "주님 저를 구해 주십시오." 하고 소리치면 저 높은 곳에서 내려오는 구원의 손길을 붙잡을 수 있다. 스승 예수의 손길이 바로 그것이다. 예수의 손을 붙잡을 수 있다면 그 어떤 폭풍우와 노도 속에서도 안전할 수 있다. 예수의 손길은 바로 하느님의 손길이다.

 예수의 손이 늘 자비롭고 따스하기만 한 것은 아니다. '기도하는 집'을 '강도의 소굴'로 만들었다고 호통치시며 끈으로 채찍을 만들어 휘두르시는 예수의 손은 무섭다. 장사꾼들을 몰아내시고 환전상들의 탁자를 둘러엎으시는 그분의 손은 분노로 가득하다.(요한 2,13-17)
 혼비백산(魂飛魄散)하여 성전에서 쫓겨난 사람들은 자신들을 향해 채찍을 휘두르고 좌판을 둘러엎은 예수의 두 손을 묶어 끌고 가서 목 박을 궁리를 한다.

 어린이를 축복하시고(마태 19,13-15) 병자를 일으키시고 장님의 눈을 뜨게 하시고 나병 환자를 깨끗하게 하시고, 물에 빠진 베드로를 건져 올리시던 예수의 두 손은 정작 당신 자신이 위기에 빠졌을 때는 아무것도 하지 못한다. 다만 "제가 원하는 대로 하지 마시고 아버지께서 원하시는 대로 하십시오."(마태 26,39) 하고 기도할 수 있을 뿐이다.

큰 무리가 칼과 몽둥이를 들고 예수를 붙잡으러 몰려왔을 때도, 군인들이 침을 뱉고 뺨을 때려도, 무지막지하게 손바닥에 대못을 박을 때도, 무리들이 "네가 하느님의 아들이라면 십자가에서 내려와 보아라."(마태 27,40) 하고 비웃고 조롱할 때에도 예수의 두 손은 십자가에 못 박힌 채 피만 뚝뚝 흘릴 뿐 무능하고 무력하기 짝이 없다.

인간의 눈에 십자가에 못 박힌 예수의 두 손은 무능하고 무력하지만 바로 그 두 손이 하느님의 손이다. 무능하고 무력한 하느님의 손이 지혜롭고 힘 있는 인간의 두 손을 능가하고, 두 손으로 온갖 악을 저지르고 스스로 파멸의 무덤을 파는 인간들을 구원한다.(1코린 1,18-31)

5. 사제의 손

사제가 사제로서 살아갈 수 있는 것은 두 손이 있기 때문이다. 비록 사제가 뛰어난 언변(言辯)을 가지고 있다 하더라도 건강한 두 손이 없다면 어떻게 사제 노릇을 할 수 있겠는가? 비단처럼 아름답고 매끄러운 말이나 선후(先後)와 시비(是非)를 분명하게 가려서 상대를 설득할 수 있는 언변(言辯), 그리고 청산유수(靑山流水) 같은 화려한 말재주를 지녔다고 하더라도 따뜻한 두 손이 없다면 입으로 내뱉는 말들은 기어(綺語 : 비단 같이 매끄러운 말, 그래서 많은 사람들이 속아 넘어간다)에 지나지 않는다. 백 마디 말보다 따뜻하게 잡아 주는 손길이 훨씬 더 설득력이 있고 아름답다.

사제가 병자방문을 간다. 늙고 병들어 바깥출입을 할 수 없는 할아버지 할머니들을 만난다. 사제는 그분들의 눈을 바라보며 손을 잡아 준다. 말이 필요 없다. 여기에 말이 끼어들 자리가 없다. 윤기 없고 거친 할머니 할아버지들의 손을 잡고 있으면 그분들이 인생살이의 긴 여정 속에서 겪었던 온갖 희로애락(喜怒哀樂)을 느낄 수 있다. 마주잡은 손길을 통해서 서로의 따뜻한 정(情)과 사랑이 오간다. 인생의 황혼을 바라보는 할아버지 할머니들은 사제의 손을 통해서 예수의 따뜻한 손을 느끼고 무한한 위로와 평화를 얻는다.

병마에 시달리며 몸과 마음이 다 함께 아픈 환자들의 이마와 양 손바닥에 병자성사(病者聖事) 기름을 발라 주고 정성스럽게 안수(按手)하며 기도하는 사제의 손은 그 어떤 명의(名醫)의 손보다 더 영험(靈驗)하다. 의사의 손은 육체의 병을 고칠 수 있겠지만, 사제의 손은 몸과 마음과 영혼의 병까지도 다 함께 치유할 수 있는 능력이 있다. 사제의 손은 예수의 손이기 때문이다.

많은 임종자(臨終者)들이 병자성사를 받고 노자성체(路資聖體)를 받아 모시고 사제의 두 손을 잡고 마지막 숨을 모으고 이승에서의 삶을 마감한다. 그때 사제의 두 손은 하늘나라로 건너가는 다리이다. 사제의 손은 사제 자신을 위한 손이 아니라 세상을 떠나는 사람들을 위한 손이다.

　매일 새벽 미사를 봉헌하는 사제는 기적의 손을 가졌다. 사제의 손 안에서 작은 빵 조각이 예수의 몸으로, 한 잔의 포도주가 예수의 피로 변한다.

　갈대 바다를 건넌 이스라엘 백성이 거친 광야(廣野)를 건너 약속된 땅 가나안을 향하듯이, 오늘 그리스도인들도 고통의 바다[苦海]인 이 세상을 건너 피안(彼岸)인 하늘나라를 향해 간다. 하늘나라를 향한 여정 중에 기쁨과 성공, 희망과 보람도 있지만, 온갖 시련과 유혹, 깜깜한 어둠과 고통도 만난다. 그럼에도 불구하고 쓰러지지 않고 인생 여정을 계속할 수 있는 이유는 사제의 손을 통해서 받아먹는 예수의 몸과 피가 있기 때문이다.

　예수께서는 이렇게 말씀하신다. "내 살을 먹고 내 피를 마시는 사람은 내 안에 머무르고, 나도 그 사람 안에 머무른다. 살아 계신 아버지께서 나를 보내셨고 내가 아버지로 말미암아 사는 것과 같이, 나를 먹는 사람도 나로 말미암아 살 것이다. 이것이 하늘에서 내려온 빵이다."(요한 6,56-57) 예수님의 이 말씀은 사제의 두 손을 통해서 현실이 된다.

　세상에는 수많은 손들이 있다. 그 많은 손들 가운데서도 가장 아름다운 손이 사제의 손이다. 사제의 손이 아름다운 까닭은 돌덩이를 쪼개어 소년 다비드상을 만들 수 있거나, 위대한 작곡가의 곡을 아름다운 소리로 재창조하는 악기를 다룰 수 있거나, 화려하고 웅장한 건축물을 지어 올릴 수 있거나, 기업가들처럼 돈을 많이 벌 수 있거나, 권력자들처럼 세상의 일을 좌지우지할 수 있기 때문이 아니다.

사제의 손이 아름다운 까닭은 그 손을 통해서 예수의 손길을 느낄 수 있고, 대자대비하신 하느님의 손길을 만날 수 있기 때문이다.

사제의 손은 이 세상에 태어난 새 생명을 하느님의 자녀로 거듭나게 한다. 사제의 손은 한 남자와 한 여자를 부부(夫婦)가 되게 하고, 그들의 가정을 사랑 넘치는 보금자리가 되도록 축복한다. 사제의 손은 자신의 죄를 고백하고 마음 아파하는 이들의 죄를 용서하고 상처를 어루만져 치유해 준다. 서로 등졌던 형제들을 화해(和解)하도록 서로의 손을 잡게 해 준다. 사제의 손은 고달픈 인생살이에 지친 이웃과 형제들을 따뜻하게 어루만져 위로하고 용기를 준다.

사제가 서품(敍品)될 때, 주교는 새 사제의 두 손에 기름을 바르면서 이렇게 기도한다. "성부께서 성령과 능력의 기름을 발라 주신 주 예수 그리스도께서는 그대를 보호하시어, 그대가 교우들을 거룩하게 하고 하느님께 제사를 봉헌하게 하여 주시기를 기원합

니다."(「사제서품 예식서」 중에서)

　사제의 손은 사제 자신을 위한 손이 아니다. 사제의 손은 예수의 손이다. 그래서 사제의 손을 통해서 놀라운 일이 벌어진다. 하느님께서는 사제의 손을 통해서 이 세상을 맑고 밝고 향기 나는 곳으로 만들고자 하신다. 하느님은 사제의 손을 통해서 세상 사람들을 살리고자 하신다. 사제의 손이 아름다운 까닭이다.
　하느님께서 큰일을 하시도록 자신의 두 손을 하느님께 봉헌한 사제도 아름다운 사람이다.

04
사제와 신학생들의 자기 사목[5]

1. 들머리

이 글은 몇 년 전에 부산가톨릭대학교 신학대학의 신학생들 앞에서 했던 강의를 다시 정리한 것입니다. 이 강의를 할 당시에 저는 본당 사목을 하고 있었습니다. 지금은 신학교에서 신학생들과 함께 생활하고 있습니다.

신학교 밖에서 신학생들을 바라보는 눈과 신학교 안에서 그들과 함께 생활하면서 그들을 바라보는 눈이 같을 수 없습니다. 먼 옛날 신학생 신분으로 신학교에서 생활하던 때와 사제 생활 30년이 지나 신학생들을 가르치면서 신학생들을 바라보는 눈과 소망은 다릅니다.

한국 교회의 앞날은 지금 신학교에서 면학(勉學)과 수련(修鍊)에 힘을 기울이고 있는 신학생들의 손에 달려 있습니다. 그들이 사

---

[5] 이 글은 부산가톨릭대학 학술지 『신앙과 삶』14호 (2006/가을)에 기고했던 것이다.

제다운 사제가 되는 것이 한국 교회의 희망입니다.

2. 동창 신부의 푸념

얼마 전 어느 수도회의 종신서원(終身誓願) 미사에 참석했었습니다. 오랜만에 동창 신부님을 만났습니다. 이런저런 안부를 서로 주고받는 중에, 동창 신부님은 새로 부임해 온 보좌 신부님에 대한 불만을 털어놓았습니다.

사제들의 세계는 좁습니다. 그래서 신부들은 만나면 교구장 주교님에 대한 불평불만이나 주임 신부 혹은 보좌 신부에 대한 불평불만을 털어놓기 일쑤입니다.

동창 신부님의 말을 대충 종합하면 이렇습니다. 새로 온 보좌 신부는 올해 서품을 받은 새 사제인데 자기 관리를 제대로 하지 못한다는 것입니다. 무엇을 하는지 모르지만 밤늦게 잠자리에 들고 오전 내내 자다가 점심때가 가까워서야 일어난다는 것입니다. 당연히 아침 식사는 하지 않습니다. 본당에 보좌로 부임한 이후로 한 번도 성당에서 성무일도(聖務日禱)를 바치거나 기도하는 모습을 본 적이 없고, 언제나 미사 시간 직전에 성당에 들어와서 제의실(祭衣室)로 직행합니다.

평일 새벽 미사는 주임인 동창 신부의 몫이고 보좌 신부는 오전 열 시 미사나 저녁 미사를 집전합니다. 새벽 미사를 맡기고 싶어도 새벽에 일어나지 못하기 때문에 맡길 수가 없다는 것입니다.

회갑(回甲)을 넘긴 동창 신부님의 눈에 젊은 보좌 신부님의 생활이 무질서하게 보일 뿐 아니라 도무지 이해할 수 없었습니다.

세대차이(世代差異)라고 생각합니다. 아니면 쉰 세대를 넘어선 동창 신부가 고루한 생각에 사로잡혀 있기 때문에 신세대(新世代) 보좌 신부님을 이해하지 못하는 것이겠거니 생각합니다.

동창 신부는 보좌 신부에 대한 불만에 차서, '자기 사목'도 못하면서 어떻게 신자 사목을 하겠느냐고 볼멘소리를 합니다. 차라리 보좌 신부가 없으면 혼자서 홀가분하게 본당 사목을 하겠는데, 함께 사는 보좌 신부와의 관계 때문에 피곤하고 고통스럽다고 했습니다. 보아하니 보좌 신부 밑에서 시집살이를 제대로 하고 있는 듯 했습니다.

흔히 오복(五福)을 이야기합니다. 물론 복음에서 예수님께서 선언하신 팔복(八福)과는 다른 이야기입니다. 오래 사는 것[壽], 물질적인 풍요를 누리는 것[富], 육체적인 건강과 평안을 누리는 것[康寧], 덕을 베풀기를 좋아하는 것[攸好德], 장수하다가 편안히 죽는 것[考終命]을 오복(五福)이라고 하는데 철저히 현실적인 복입니다.

오복(五福)에 빗대어서 사제들에게도 오복이 있다고 합니다. 사제(司祭)의 오복이 무엇인지는 말하는 사람에 따라서 다르지만, 주임 신부에게는 보좌신부 복이, 보좌 신부에게는 주임 신부 복이 오복(五福) 중에 든다고 합니다.

앞서 이야기한 동창 신부나 그 보좌 신부에게는 사제의 오복(五福) 중에서 주임 신부 복이나 보좌 신부 복은 없어 보입니다.

3. 세 살 버릇 여든까지

우리 속담에 '세 살 버릇 여든까지 간다'는 말이 있습니다. 어릴 때 몸에 익힌 습관이나 버릇이 평생을 좌우한다는 말입니다. 사람의 인격이나 성격 혹은 습관은 어느 날 갑자기 만들어지는 것이 아닙니다. 어릴 때부터 여러 가지 환경이나 교육 여건에 따라서, 혹은 자신의 노력 여하에 따라서 서서히 형성되어서 평생 동안 영향을 미치게 됩니다.

속담의 가르침대로 신학생 생활은 사제 생활로 이어집니다. 신학생이었던 사람이 서품(敍品)되어 사제(司祭)가 된다고 해서 사람이 달라지지 않습니다. 신학생 신분(身分)에서 사제 신분으로 신분이 바뀔 뿐이지 사람이 바뀌지 않습니다. '세 살 버릇 여든까지 간다'는 속담대로라면 신학생 시절의 버릇이나 생활 습관은 고스란히 사제 서품을 받고 난 후에도 이어지게 마련입니다.

신학생 시절에는 개인의 성격이나 습관이 다른 사람들에게 미치는 영향이 그리 크지 않습니다. 그뿐 아니라 수많은 동료 신학생들 가운데 묻혀서 함께 지내기 때문에 개개인의 성품이나 생활 습관들이 눈에 띄게 드러나지 않습니다.

그러나 성품성사(聖品聖事)를 받고 사제가 된 후에는 그 성품이나 생활 습관이 눈에 띄게 밖으로 드러나게 됩니다. 수많은 신도들의 눈이 사제를 주시하고 있기 때문이지만, 한편으로 신학생 시절에 동료들 사이에 묻혀 있어서 드러나지 않았던 성품과 생활 습관들이 사제가 되어 혼자 사는 가운데 확연히 드러나기 때문입니다. 그리고 사제 한 사람의 성품과 생활 습관은 많은 신도들에게 막대한 영향을 미치게 됩니다.

누구나 장점과 단점을 지니고 있습니다. 그러나 장점보다 단점이 더 쉽게 눈에 띄고 파급 효과도 큽니다. 경제학에서 '악화(惡貨)가 양화(良貨)를 구축(驅逐)한다'는 그레셤의 법칙은 사제들의 사목 생활에서도 그대로 적용됩니다. 사제의 장점이나 좋은 생활 습관보다 성격적인 결함이나 나쁜 생활 습관이 더 쉽게 눈에 띄게 되고 신도들의 입에 오르내리면서 화제(話題)거리가 됩니다. 때로는 그런 것들이 신도들에게 나쁜 표양이 되어 사목생활에 막대한 지장을 초래하게 됩니다. 신도들이 사제들에게 거는 기대가 크기 때문에 벌어지는 현상이겠지요.

예수님께서 이렇게 말씀하십니다. "너희는 거짓 예언자들을 조심하여라. 그들은 양의 옷차림을 하고 너희에게 오지만 속은 게걸든 이리들이다. 너희는 그들이 맺은 열매를 보고 그들을 알아

볼 수 있다. 가시나무에서 어떻게 포도를 거두어들이고, 엉겅퀴에서 어떻게 무화과를 거두어들이겠느냐? 이와 같이 좋은 나무는 모두 좋은 열매를 맺고 나쁜 나무는 나쁜 열매를 맺는다."(마태 7,15-17)

예수님의 가르침은 분명합니다. 양의 탈을 쓴다고 이리가 양이 될 수 없고, 가시나무가 포도나무를 닮았지만 가시나무에 포도가 열리지 않는다는 말씀입니다.

신학생이 성품성사를 받고 사제가 된다고 해서 그가 지니고 있던 본래의 성품과 생활 습관이 바뀌지 않습니다. 신학생에서 사제라는 신분(身分)이 바뀌고 그가 하는 일들은 달라집니다. 그러나 그의 성품과 생활 습관에 따라서 아름다운 열매를 맺기도 하겠지만, 때로는 나쁜 열매를 맺기도 하고 악취를 풍기기도 합니다.

교회가 성소자(聖召者 : 사제지망생들)들을 양성하고 교육하기 위해 신학교 제도를 만들어서 오랜 기간 – 한국에서는 적어도 7년, 군복무 기간을 합치면 10년 – 많은 비용과 인력을 투자하는 이유가 있습니다. 훌륭한 사제를 배출하기 위해서입니다.

사제 양성을 위한 한국 가톨릭의 신학교 제도는 개신교(改新敎)나 불교(佛敎)에 비해서 교육 과정이 엄격할 뿐 아니라 교육의 질적인 면에서도 월등히 우수합니다. 솔직히 말하자면, 처음 신학교에 입학할 당시의 신학생 지망생들의 학업 성적이나 자질 등은 한국의 일류 대학 지망생들에 비해서 다소 떨어지는 것이 사실입니다. 그러나 7년이라는 양성 기간을 거치면서 그들은 서서히 변신하게 됩니다. 그리고 사제라는 직분에 어울리는 지도자로서의 자질을 갖추게 됩니다.

다종교(多宗敎) 사회인 한국에서 가톨릭 성직자들이 불교나 개신교에 비해 질적인 면-여기서 질적이라는 말은 영성적인 면과 더불어서 사회 기여도, 비신자들의 눈에 비치는 교회의 모습 등-에서 비교적 우위에 있고 일반적으로 국민들로부터 호감을 사는 것도 신학교 제도와 신학생 양성 과정이 체계적이고 조직적일 뿐 아니라 엄격한 양질의 교육 과정이 있기 때문입니다.

신학생 시절을 어떻게 보내는지에 따라서 앞으로의 사제 생활이 좌우됩니다. 이 점에 대해서 고민해 보고자 합니다. 그리고 사제 서품을 받고 사목 일선에 나가서 신도들을 사목하기 이전에 자기 사목을 어떻게 해야 할지를 생각해 보고자 합니다.

4. 신학생: 자신의 운명과 미래가 결정된 사람

우리나라에는 수많은 대학(大學)들이 있습니다. 청소년들은 자신이 원하는 대학에 입학하기 위해서 거의 목숨을 건 경쟁을 하고 있습니다. 어느 대학에 진학하느냐에 따라서 자신의 운명이 좌우되고 인생의 성패가 결정된다고 생각하기 때문입니다. 우수한 성적으로 이른바 일류 대학에 진학하면 자기 인생의 반은 이미 성공한 것과 같다고 착각합니다. 그렇지 않고서야 온 국민이 대학 입시 때문에 저토록 신경을 곤두세우고 매달리는 이유, 자신이 목적하는 대학에의 입학 유무를 놓고 일희일비(一喜一悲)하는 이유를 설명할 길이 없습니다.

그러나 진실을 말하자면 비록 일류대학에 진학한다고 해도 그 청소년의 운명은 오리무중일 뿐 아니라, 그의 인생이 어떻게 방향 지어질 지 알 수 없습니다. 한국의 대부분의 청소년들이 대학에 진학하지만, 그 후에도 자신들 앞에 열려 있는 수많은 가능성 때문에 고민하고 스트레스를 받습니다. 대학에서 공부한 것들이 자신의 적성에 맞지 않는 경우가 허다하고, 비록 자신의 적성에 맞는다 할지라도 그 분야에서 두각을 나타내려면 또다시 피나는 경쟁을 해야 하기 때문입니다.

대부분의 청소년들이 불투명한 자신의 진로와 미래 때문에 고민하지만, 사제 지망 신학생들은 그렇지 않습니다. 자신이 스스로 사제의 길을 포기하거나, 신학교에서 혹은 소속 교구나 수도회에서 내보내지 않는 한 신학생의 장래와 운명은 아주 분명하고 확실합니다.

성품성사를 받고 사제가 되는 것이 신학생들의 목표입니다. 물론 성품성사를 받기까지의 과정에서 개인적인 고민과 내적인 갈등이 있습니다. 그러나 그 고민과 내적인 갈등은 자기와의 싸움이지 불투명한 진로나 장래 때문에 겪는 갈등은 아닙니다.

신학생들은 사제가 되기로 작정하고 있는 한 다른 곳에 눈길을 돌릴 필요도 없고, 자신의 진로와 미래 때문에 고민할 필요도 없습니다. 오로지 좋은 사제가 되기에 합당한 소양과 지식을 갖추는데, 그리고 사제다운 인격과 영성(靈性)을 갖추는데 정진(精進)하면 됩니다.

마태오 4,18-22에는 첫 번째로 부르심을 받은 어부 네 사람의 이야기가 나옵니다. 예수님께서 갈릴래아 호숫가를 걸어가시다가 시몬과 안드레아 형제를 부릅니다. 그들은 곧 그물을 버리고 예수님을 따라갑니다. 조금 후에 제베데오의 두 아들 야고보와 요한 형제를 부릅니다. 그들도 배를 버리고 아버지를 떠나 예수님을 따라갑니다.

네 어부들의 응답은 즉각적일 뿐 아니라 망설임이 없습니다. 그들이 어떤 인간성을 지녔는지 알 수 없습니다. 인격적으로 얼마나 성숙했는지, 얼마나 머리가 좋고 높은 학식을 지녔는지, 혹은 얼마나 용기가 있고 굳은 심지(心志)를 지녔는지 따위의 정보를 얻을 수 없습니다. 복음이 우리에게 주고자 하는 메시지는 그들이 한눈팔지 않고 예수님의 부르심에 응답했다는 사실입니다.

예수님의 부르심을 성소(聖召 vocatio)라고 합니다. 거룩한 부르심이라는 뜻입니다. 그 부르심에 갈림 없는 마음으로 응답할 때 아름답고 향기로운 꽃이 피고 튼실한 열매가 맺힙니다. 그 열매는 사제(司祭)일 수도 있고 수도자(修道者)일 수도 있고 남편이나 아내일 수도 있습니다.

성직(聖職) 성소만 성소(聖召)일 수는 없습니다. 하느님의 부르심은 모든 인간사에서 일어나고 그 부르심에 응답함으로써 구원의 역사는 이어집니다. 그러나 우리가 지금 이 자리에서 고찰(考察)하고자 하는 것은 사제로서의 부르심입니다.

사제 지망 학생들이 일단 신학교 입학이 허락되면, 사제가 되기까지의 모든 여건은 대단히 잘 갖추어져 있습니다. 기숙사를 갖춘 좋은 신학교 시설과 훌륭한 교수진과 신학생이 속한 교구(敎區) 혹은 수도회(修道會)의 전적인 뒷받침이 있습니다. 특별히 가족들과 신자들의 지극한 정성이 담긴 기도의 뒷받침이 있습니다.

신학생 자신만 한눈팔지 않고 학업에 성실하고 영성적 소양을 갖추기 위해서 열심히 수련을 쌓으면 사제가 되는 데는 아무 문제가 없습니다.

여기에 내적이고 개인적인 갈등과 고뇌들을 어떻게 극복할 수 있는가 하는 문제가 남습니다. 그러나 이런 내적이고 개인적인 문제들도 영성 지도 신부님들과 함께 생활하고 있고 동료들이 있기에, 자신을 열기만 하면 어려움 없이 극복할 수 있습니다.

성품성사를 받고 사제가 된 후에도 성실히 사목 생활을 하면 거의 모든 것이 보장되어 있습니다.

가톨릭 신학생들에 비하면 목사 지망 개신교(改新敎) 신학생들은 열악한 신학교 환경과 불투명한 장래 때문에 고통을 받고 있습니다. 현재 우리나라에는 20여 개 주요 교단(敎團)에서 정규 4년제 대학들을 가지고 있습니다. 각 대학의 신학대학원의 정원은 예장통합 800명, 예장합동 750명, 감리교 150명 등 4,000명에 이릅니다. 무허가 신학교까지 합치면 정원은 6,000명을 넘어섭니다 (조선일보 2002년 3월28일자 '종교'란 기사 참조). 매년 적어도 4,000명, 많으면 6,000명의 목사(牧師)들이 안수를 받고 목회(牧會) 일선으로 배출됩니다.

이 숫자가 얼마나 많은지 가톨릭 사제들과 비교하면 금방 알 수 있습니다. 한국천주교회 창립 이후 첫 한국인 사제인 김대건 안드레아 신부님으로부터 2005년 사제 서품자까지 모두 합쳐도 4,500명을 넘어서지 않습니다. 말하자면 개신교단에서 1년에 배출되는 목사들의 숫자가 한국 가톨릭이 200년 동안 배출한 사제들의 총 숫자보다 많습니다.

이렇게 많은 목사들이 배출되어 나와도 마땅한 일자리가 없습니다. 2002년 서울 신학대학원의 졸업생 244명 가운데 일할 곳이 결정된 사람은 11%인 25명에 지나지 않습니다(조선일보 2002년 3월 28일자 「종교」란 기사 참조).

이런 현상이 빚어지는 이유는 90년대 중반부터 한국 개신교의 교세(敎勢)가 더이상 신장(伸長)되지 않고 신자 숫자도 증가하지 않기 때문입니다. 한국 가톨릭도 예외는 아니지만 개신교의 경우 기존 신자들의 이탈(離脫)이 눈에 띄게 늘어나는 반면 새로 교회를 찾아오는 신자들의 숫자는 이탈 신자 수에 못 미치고 있습니다. 목사를 배출하는 신학대학원의 경우, 경영상의 이유로 정원을 축소하지도 못하는 어려움에 빠져 있습니다.

사정이 이렇다 보니 수많은 목사들이 실업자로 살아가고 있습니다. 현장에서 목회를 담당하고 있는 목사들도 여러 가지로 불안한 가운데 생활하고 있습니다. 당회장(堂會長) 목사나 원로 목사의 눈 밖에 나서도 안 되고, 실권을 가진 장로들의 비위에 거슬리거나 신도들의 마음에 들지 않는 목회를 해서도 안 됩니다. 언제 목회 일선에서 퇴출당하거나 도태될지 알 수 없기 때문입니다. 한 때 수도권의 몇몇 큰 교회 젊은 부목사들이 노조(勞組)에 가입하는 소동이 일어나기도 했습니다.

개신교 목사들의 경우, 목회자로서 소명의식도 중요하지만 목사로서의 생존 차원에서도 최선을 다해야 합니다. 목사들의 세계는 무한 경쟁의 세계입니다. 그 경쟁에서 살아남기 위한 목사들의 개인적인 노력이 개신교의 경쟁력으로 나타납니다. 실재로 개신교의 목사들은 목회(牧會)뿐만 아니라 다양한 분야에서 전문가로서의 두각을 나타내면서 활동하고 있습니다.

개신교 목사들에 비하면 한국 가톨릭의 사제들의 경우, 그 환경이 비교할 수 없을 만큼 좋습니다. 사제로 서품되는 그날부터 신도들의 존경을 받습니다. 교구(敎區)는 사제들의 일자리와 생활을 보장해줄 뿐 아니라 사실상 노후(老後)도 걱정할 것이 없습니다. 더구나 한국 가톨릭의 가부장적 성직자 중심주의는 사제들로 하여금 신도들을 위해서 봉사하기보다는 신도들 위에 군림하게 만듭니다.

그래서인지는 몰라도 성품성사를 받고 사제가 되면 신학생 시절에 감추어져 있는 개인의 독특한 성품들이 되살아나서 때로는 물의를 일으키기도 하고 사제로서의 품위를 떨어뜨리기도 하고, 가끔은 사제직을 포기하고 환속(還俗)하기도 합니다.

5. 사제와 신학생의 '자기 사목' : 3S

흔히 이상적인 사제상(司祭像)에 대해서 이야기합니다. 과연 어떤 모습의 사제가 이상적인 사제일까요? 요한 마리아 비안네 성인과 같은 사제? 몰로카이 섬의 다미안 성인과 같은 사제? 그러나 다원화(多元化)된 산업 사회에서 이상적인 사제상을 이야기한다는 것이 불가능합니다. 사제는 소임이 주어지는 대로 어느 분야 혹은 어떤 사람들 가운데서도 자기 직분을 수행해야 하기 때문입니다.

그러나 기본(基本) 혹은 근본(根本)을 잊어서는 안 됩니다. 그 근본이란 자신이 사제(司祭)라는 사실입니다. 어느 사제가 특정 분야에서 뛰어난 재능(才能)을 발휘한다고 해도 사제다움을 잃어버린다면 그는 이미 자신의 본분을 망각하고 있는 것입니다.

뿌리[根本]가 시들거나 병들면 그 나무는 머지않아서 죽게 됩니다. 뿌리가 병든 나무는 싱싱한 잎도, 아름답고 향기로운 꽃도, 알찬 열매도 기대할 수 없습니다. 이와 마찬가지로 특정 분야에서 뛰어난 재능을 발휘하는 사제도 그의 근본(根本)인 사제성(司祭性)을 상실하게 되면 어떤 열매도 거둘 수 없습니다.

그렇다면 튼튼한 뿌리. 즉 사제다움[司祭性]을 제대로 간직하기 위해서 무엇을 어떻게 해야 합니까? 철저한 자기 관리, 즉 '자기 사목'이 필요합니다.

요즘 서점가에는 CEO(최고경영자)와 관련된 책들이 넘쳐나고 있을 뿐 아니라 인기도 있습니다. 종류를 헤아릴 수 없을 만큼 많은 책들이 나오고 있지만, 그 내용을 한마디로 요약하자면 '자기 관리'라고 할 수 있습니다. '자기 관리'를 소홀히 하는 CEO는 이미 CEO로서의 자격이 없습니다. 업체를 경영하고 수많은 종사자들을 거느리고 지휘하기 위해서는 철저한 '자기 관리'가 뒷받침되어야 합니다. 남을 다스리기보다 자기 자신을 다스리는 일이 더 어렵고, 자기 자신을 다스릴 줄 아는 사람이 다른 사람을 위해서 봉사할 수 있을 뿐 아니라 최고 경영자로서의 자리를 지킬 수 있습니다.

저는 사제와 신학생들과 관련하여 '자기 관리'를 '자기 사목' 혹은 '자기 복음화'라고 부르고자 합니다. 사제는 신도들을 사목하기 위해서 서품(敍品)됩니다. 그러나 신도들을 사목하기 이전에 '자기 사목'이 선행되어야 합니다. '자기 사목'을 제대로 하지도 못하면서 신도들을 사목할 수는 없는 노릇입니다. 사목자인 사제가 스스로 복음화(福音化)되어 철저히 하느님의 사람이 되지 못하면 신도들을 복음화할 수 없습니다. 자기에게 없는 것을 남에게 줄 수 없습니다.

'자기 사목' 혹은 '자기 복음화'는 신학생 시절부터 시작되어야 합니다. 사제 생활은 신학생 생활의 연장입니다. 신학생 시절부터 '자기 복음화'와 '자기 사목'에 철저하지 않으면 성품성사를 받고 사제가 된 후에도 제대로 된 '자기 사목'을 기대할 수 없습니다.

제가 알고 있던 어떤 신부님 생각이 납니다. 그분은 컴퓨터에 관한 한 어느 누구보다 뛰어난 재능을 지니고 있었습니다. 요즘 컴퓨터는 생활필수품일 뿐 아니라 사목 생활에도 필수적인 도구입니다. 이분은 사목 생활을 하는 데에도 컴퓨터를 유용하게 활용하는 데에 다른 신부님들보다 확실히 유리한 위치에 있었습니다. 이분은 하드웨어(hardware)는 말할 것도 없고 소프트웨어(software)에 있어서도 천부적인 소질을 발휘했습니다. 직접 프로그램을 만들기까지 했습니다.

그러나 이분은 컴퓨터에 심취한 나머지 그 생활이 무질서했습니다. 밤늦도록 컴퓨터의 자판을 두들기거나 인터넷(internet) 여저기를 기웃거리거나 혹은 프로그램을 만드느라 잠을 자지 않았습니다. 늦은 밤 혹은 새벽녘에 잠자리에 들기 때문에 다음 날 오전 내내 잠을 잘 수밖에 없었습니다. 대체로 하루 일과를 오후 늦게야 시작하게 되는데, 언제나 부스스한 모습을 하고 있어 안쓰러웠습니다. 새벽 미사는 아예 할 엄두도 못 내고, 본당 신자들은 오전에 그 신부님을 만날 수 없었습니다.

그분은 컴퓨터 전문가로서는 유감없이 실력을 발휘했지만, 신자들로부터는 환영 받는 사제가 되지 못했습니다. 신자들은 컴퓨터 전문가인 사제보다 열심히 기도하는 사제, 정성을 다해 성찬례를 거행하고 가슴에 와닿는 강론 말씀을 들려주는 사제를 원하고 있었지만, 그 신부님을 그렇지 못했습니다.

사제는 신자들을 위해 존재하는 사목자입니다. 신자들을 위한 사제가 되기 위해서는 규칙적이고 절제된 생활이 요구됩니다. 그러나 컴퓨터 전문가인 이 신부님은 개미 쳇바퀴 돌듯 반복되는 본당 생활을 견디어 낼 수 없었을 뿐 아니라, 자신의 생활 습관으로는 도무지 신자들의 기대를 채워 줄 수 없었습니다. 결국 이분은 사제 생활을 포기하고 말았습니다. 그리고 자신이 좋아하는 컴퓨터와 관련되는 일을 하는 곳으로 떠나갔습니다. 어쩌면 그분에게는 그 일이 하느님께서 원하시는 성소일지도 모릅니다.

이제는 신학생 시절부터 어떻게 하면 '자기 사목' 즉 '자기 복음화'를 성취할 수 있는 지 생각해야 할 차례입니다. 신학생이 신학생다움을 잃지 않고 사제가 사제다움을 잃지 않기 위해서 어떻게 '자기 사목'과 '자기 복음화'를 해야 합니까?

저의 소신학교 시절이 생각납니다. 가끔 노기남(盧基南) 주교님께서 소신학교를 방문하셨습니다. 그때마다 노(盧) 주교님께서는 어린 신학생들에게 이런 요지의 말씀을 들려주셨습니다.

노 주교님의 말씀을 대충 간추려 보면,

"신학교를 라틴말로 'seminarium'이라고 하는데 못자리라는 뜻입니다. 못자리에서 튼튼한 모를 길러 논에 옮겨 심어야 좋은 결실을 거둘 수 있습니다. 신학생들은 seminarium 곧 못자리에서 자라는 모들입니다. 튼튼한 모가 되기 위해서 신학생들은 3S를 갖추어야 합니다. Sanitas(건강), Sanctitas(성덕), Scientia(지식) 바로 그것입니다."

소신학교를 방문하실 때마다 같은 말씀을 반복하셨기에 지금도 기억에 생생합니다. 저는 지금도 노 주교님의 이 말씀을 가슴에 간직하고 그것을 실천하기 위해서 노력하고 있습니다.

1) Sanitas(건강)

사제와 신학생들이 갖추어야 할 덕목인 3S 중에서 Sanitas(건강)는 모든 덕(德)의 바탕입니다. Sanitas(건강)를 바탕으로 Sanctitas(성덕)와 Scientia(지식)가 꽃을 피우고 열매를 맺을 수 있게 됩니다. 여기에는 육체적인 건강과 더불어서 정신적 영적 건강도 포함됩니다. 그러나 아무래도 육체적인 건강이 우선입니다. 건강한 육신은 건강한 정신과 영혼을 담는 그릇이기 때문입니다. "건전한 정신은 건강한 육신에 깃든다 Mens sana in corpore sano"는 격언은 누구에게나 진리입니다. 그래서 사제나 신학생이 아니어도 누구나 육체적인 건강을 갖추기 위해서 노력합니다.

아무리 뛰어난 재능을 지니고 있어도 자기 몸 하나 제대로 가눌 수 없다면 그 재능은 없는 것과 같습니다. 병실에 누워서 할 수 있는 일이란 남의 손을 빌려서 자신의 몸을 치료하는 일뿐입니다.

어떤 사제가 훌륭한 성덕(聖德)과 뛰어난 지식(知識)을 가지고 있다고 합시다. 이런 사제가 육체적 정신적으로 건강하다면 그 사제는 많은 열매를 맺을 수 있고 신도들에게는 기쁨이 되고 교회를 위해서는 소중한 일꾼이 됩니다.

반대로, 육체적으로는 건강하지만 정신적 영적으로 병들어 있거나, 정신적 영적으로 건강하다 하더라도 육체적으로 병들어 있다면 그가 지닌 성덕과 지식은 소용없는 것이 되고 맙니다. 건강하지 못한 사제와 신학생은 자신의 본분을 다할 수 없을 뿐 아니라 교회와 신도들에게 누를 끼치게 됩니다.

'재물을 잃으면 3분의 1을 잃는 것이고, 명예를 잃으면 반을 잃는 것이고, 건강을 잃으면 전부를 잃는다'는 말은 진리입니다. 사제도 건강을 잃으면 모든 것을 잃게 됩니다. 신학생 시절부터 자신의 건강을 지키는 훈련과 수련을 쌓아야 하는 이유가 여기에 있습니다.

저의 개인적인 경험에 의하면, 육체적 건강을 지키는 데는 규칙적인 생활과 절제된 생활보다 더 좋은 방법은 없습니다. 무질서하고 무절제한 생활은 육체적인 건강을 해칠 뿐 아니라 정신적 영적 건강도 해치게 됩니다.

정신적 건강을 지키는 데는 상식적인 사고를 하는 것이 중요합니다. 상식을 뛰어넘는 것도 상식 이하의 것도 사람을 이상하게 만듭니다. 영적 건강을 지키는 데는 사제의 본분인 성무일도(聖務日禱)를 규칙적으로 바치는 것이 그 방법입니다.

2) Sanctitas(성덕)

두 번째로 사제에게 요구되는 덕목은 성덕(Sanctitas)입니다. 우리말 사제(司祭)를 일컫는 라틴어는 두 가지입니다. 하나는 pontifex(대제관, 제관)라는 단어이고 다른 하나는 sacerdos(사제, 제관)라는 단어입니다.

pontifex는 pons+facio에서 왔는데 '다리를 놓는 사람'이라는 뜻입니다. 사제(司祭)는 하늘과 땅 사이에 다리를 놓는 사람, 즉 중개자(仲介者) 노릇을 하는 사람이라는 뜻입니다. 이런 뜻에서 히브리서의 저자는 예수님을 대사제(大司祭)라고 부릅니다(히브리 7,11-10,39 참조). 그런데 아무나 하늘과 땅 사이에 다리를 놓을 수 있는 것이 아닙니다. 거룩한 사람(sacerdos)만 하늘과 땅 사이에 다리를 놓을 수 있습니다.

사제가 지닌 가장 큰 특징은 거룩함(sacer: 축성(祝聖)된, 성별(聖別)된)입니다. 거룩함은 완벽함이나 완전함이 아닙니다. 사도 바울로는 이렇게 말합니다. "우리는 하느님의 자비를 입어 이 직분을 맡고 있으므로 낙심하지 않습니다 … 우리는 이 보물을 질그릇 속에 지니고 있습니다."(2코린 4,1.7)

완벽하거나 완전한 사람이 사제로 불림 받는 것이 아니라 질그릇처럼 흠이 많고 쉽게 깨질 수 있는 사람이 사제로 불림 받습니다. 그럼에도 불구하고 사제는 하느님께 봉헌되고, 하느님께 귀의(歸依)한 사람이므로 거룩한 사람(sacerdos)입니다.

사제(司祭)가 인격적으로나 인간적으로 완벽하다면 그보다 더 바랄 것이 없습니다. 그러나 사제는 하느님의 부르심을 받아 그분께 귀의(歸依)하는 사람이지 완벽한 사람이 아닙니다. 인간적으로 혹은 인격적으로 완벽하다 하더라도 하느님께 귀의(歸依)하지 않는 사람은 거룩한 사람이 아닐 뿐 아니라 그의 삶은 하느님 중심의 삶이 아니라 자기중심적인 삶을 살게 됩니다.

성별(聖別)된 사람(sacerdos)인 사제(司祭)는 이 세상에 살지만 하느님께 속한 사람입니다(요한 17,14-16). 하느님께 귀의(歸依)하여 하느님을 바탕으로 자기 삶의 기초를 놓는 사람이 성별된 사람(sacerdos)입니다.

하느님께 귀의(歸依)하여 성별된 사람으로서 살아가는 비결 혹은 왕도(王道)는 따로 없습니다. 기도하는 생활과 하느님의 말씀을 묵상하고 그 말씀을 삶의 길잡이로 삼는 것, 그리고 정성을 다해 성찬례(聖餐禮)를 거행하는 것이 그 비결이자 왕도입니다.

교회법 276조는 사제가 해야 할 의무를 이렇게 규정하고 있습니다.

"성직자들은 성품을 받는 때에 새로운 명의로 하느님께 축성되어 하느님의 백성에게 봉사하는 하느님의 신비의 분배자들이니만큼 자기의 삶을 살아가는 가운데 특별한 이유로 성덕을 추구하여야 한다. 이 완성을 추구할 수 있기 위하여 다음과 같이 하여야 한다.

첫째, 사목 직무를 충실하고 꾸준하게 수행할 것.

둘째, 성서와 성찬의 이중 식탁에서 영적 생명을 살찌울 것.

셋째, 성무일도(聖務日禱)를 의무적으로 바칠 것.

넷째, 규정된 영성 피정에 참여하고 묵상 기도에 충실하며 고해성사를 자주 받을 것."

사제가 수행하는 직무들은 그 특성상 사제를 성덕(聖德)으로 나아가도록 합니다. 다시 말하자면 사제가 성덕에 진보하기 위해서 특별히 다른 방법을 강구하지 않더라도 매일 미사를 정성껏 봉헌하고 신자들에게 감동적인 강론 말씀을 들려주기 위해서 말씀을 충실히 묵상하고 성무일도(聖務日禱)를 때맞추어 바치기만 하면 성덕에 나아가게 됩니다. 즉 사제로서 마땅히 해야 할 직무에 충실하기만 해도 성덕에 정진(精進)할 수 있도록 제도적인 장치가 마련되어 있습니다. 이 말은 사제가 성덕에 정진(精進)하지 못하는 이유는 자신에게 맡겨진 직무에 충실하지 않기 때문이라는 뜻이기도 합니다.

사제(司祭)가 자신의 직무에 충실하기 위해서는 신학생 시절부터 성무일도와 매일 미사 참례와 말씀 묵상이 몸에 배이도록 훈련되어야 합니다. 신학생 시절에 성무일도와 미사 참례 그리고 말씀 묵상이 습관화된 사람은 사제로 서품된 후에도 그런 생활을 하게 마련입니다. 그러나 신학생 시절에 성무(聖務)에 게으른 사람은 사제로 서품된 후에도 성무(聖務) 수행에 게으르게 되고 성덕(聖德)에 정진하지 못하게 됩니다. 이런 의미에서 신학생의 방학 생활은 그가 앞으로 사제가 된 후에 어떤 생활을 하게 될 것인지를 미리 내다볼 수 있는 시간입니다.

신학생이 사제가 되기 위해서 신학교에서 수련을 쌓는 동안 생활의 절반은 신학교에서, 나머지 절반은 자신의 가정이나 본당에서 지내게 됩니다. 군복무 기간을 감안하면 신학생 생활의 반 이상을 신학교 밖에서 지내게 됩니다. 신학교 안에서의 생활은 큰 문제가 없습니다. 신학교의 규칙에 따라서 종소리에 맞추어 동료 신학생들과 함께 움직이면 됩니다. 그러나 방학 기간 동안 신학교 밖에서의 생활은 그렇지 않습니다. 신학생은 일 년 중 거의 반을 방학 기간으로 신학교 밖에서 지내게 되는데 이 기간이 문제입니다. 신학교에서의 규칙적인 생활이 방학 기간에도 그대로 연장되어 실천된다면 그보다 더 바람직한 일은 없습니다. 그러나 학교 밖에서의 삶은 자연스럽게 자유 분망할 수밖에 없습니다. 자유 분망함 가운데서도 신학생으로서 자신의 정체성을 잃지 않고 규칙적인 성무일도(聖務日禱)와 묵상, 그리고 미사 참례에 충실하다면, 그 신학생은 사제가 되었을 때에도 성공적인 사목 생활을 할 수 있고 좋은 사제가 됩니다.

한편, 신학교에서는 규칙 생활을 착실히 하지만 방학 기간 동안 무질서하고 무절제한 생활을 하는 신학생은 사제로 서품된 후에도 틀림없이 무절제하고 무질서한 생활을 하게 됩니다. 말하자면, 신학교 안에서의 규칙적인 생활이 서품 후의 사제 생활로 연결되기보다는 방학 기간 동안의 자율적인 생활이 사제 생활로 연결될 가능성이 훨씬 높습니다. 왜냐하면 사제로 서품 된 후 사목 일선에서의 생활은 신학교 생활처럼 규칙적인 틀 속에서의 생활이 아니기 때문입니다.

사제의 주된 업무는 사목(司牧)이기 때문에 대체로 본당 사목구(司牧區)가 사제의 주된 활동 무대입니다. 가부장적(家父長的) 성직자(聖職者) 중심주의(中心主義)가 대세인 한국 교회에서 본당은 교회법적으로 말하면 사목구(司牧區)이지만, 나쁘게 말하면 본당 사목구 주임의 작은 왕국과 같은 곳이라고 할 수도 있습니다.

누구도 사목구 주임의 일상적인 생활을 간섭하지 않습니다. 그래서 많은 사목구 주임 사제들이 전횡(專橫)을 일삼거나 독선적인 사목을 하는 경우가 많습니다. 신학교에서처럼 시간 맞추어 종을 쳐 주지도 않고, 외부로부터 간섭을 받지도 않기 때문에 평소 자신의 몸에 배인 습관대로 생활하기 일쑤입니다. 신학생 시절 학교에서 공동체 생활을 할 때에는 밖으로 드러나지 않던 개인적인 습성이 사제가 된 후에 적나라하게 드러나서 주위의 눈살을 찌푸리게 하는 이유도 여기에 있습니다.

사제에게 요구되는 성덕(聖德 sanctitas)은 자신이 스스로 쌓기 위해서 노력해야 하지만, 엄밀히 따지자면 위로부터 주어지는 은총(恩寵)입니다. 위로부터 주어지는[下賜] 성덕을 받기 위해서는 그릇을 준비해야 합니다. 사제가 성덕을 쌓기 위해서 특별한 방법을 강구하지 않더라도 그릇을 준비하고 바르게 놓기만 하면 성덕(聖德)에 정진할 수 있습니다.

교회는 사제들에게 의무적으로 매일 성무일도(聖務日禱)를 바칠 것과 정성을 다해 성찬 전례를 거행하고 충실히 강론 준비를 하고 정규 피정(避靜)에 참석하고 자주 고해성사 받기를 강력히 권고합니다. 교회법 276조의 규정 준수가 위로부터 오는 성덕(聖德)을 받아 쌓을 수 있는 그릇이 되는 셈입니다.

교회법 276조의 규정을 지키기 위해서는 규칙적이고 절제된 생활을 할 수밖에 없습니다. 신학교에서 신학생들은 수련(修鍊)을 통해서 매일 성무일도를 바치고 미사에 참례하고 절제(節制) 있는 생활을 하도록 훈련받습니다.

3) Scientia(지식)

세 번째로 사제에게 요구되는 것이 Scientia(지식, 앎, 학식, 조예)입니다. 한때 사제가 최고의 지성인으로서 모든 문제의 해결사 노릇을 했던 시절이 있었습니다. 그러나 현대 사회는 다양화(多樣化) 사회입니다. 각 분야의 전문가가 따로 있고 자신의 전문 분야에서 권위를 행사합니다. 다양한 분야의 전문가들이 권위를 행사하면서 이 사회를 이끌어 갑니다.

사제에게도 전문 지식이 필요합니다. 사제가 지녀야 할 전문 지식은 당연히 믿음(信仰)에 관한 지식 즉 신학(神學)입니다. 사제들은 누구보다도 신학을 깊이 공부한 사람들입니다. 믿음에 관한 지식인 신학(神學)은 삶과 연결될 때에 그 진가(眞價)를 나타내고 힘을 가지게 됩니다. 삶과 연결되는 참 지식을 가진 사제가 권위 있는 사제가 됩니다.

사제들이 모두 신학박사가 되어야 할 이유는 없습니다. 신학(神學)이 지식이나 학문의 차원에 머물게 되면 그야말로 전문 과학의 한 분야인 메마른 학문적인 지식일 뿐 은총의 도구가 되지 못합니다.

요즘은 평신도나 수도자, 전문 신학자들도 많이 배출되고 있습니다. 신학을 학문으로써 깊이 연구한 평신도 신학자나 수도자 신학자들은 사제들을 능가하는 신학 지식을 갖추고 있습니다. 그들이 비록 사제를 능가하는 신학자라고 하더라도 사제가 하는 일을 할 수 없습니다. pontifex 즉 하느님과 사람 사이에 다리를 놓는 사제는 신학자들이 할 수 없는 일을 합니다.

사제는 사제로서의 전문가가 되어야 합니다. 사제로서의 전문가가 되기 위해서 필요한 것이 있습니다. 저는 그것을 '신학하기'라고 부릅니다.

'신학하기'란 사제가 지닌 신학 지식을 삶과 연결시키는 것을 말합니다. 신학(神學)이라는 특정한 학문에 정통한 메마른 전문 지식인이 아니라, 자신의 신학 지식이 삶으로 표출되어 하느님과 사람들 사이에 가교(架橋) 역할을 바르게 하는 사제가 되는 것을 말합니다. 이렇게 되면 그 사제는 사제다움을 지닌 권위 있는 사제가 됩니다.

'신학하기'를 위해서 하느님의 말씀인 성경을 성실히 읽고 묵상해야 합니다. 대부분의 사제들이 서품을 받고 사목 일선에 나선 이후로는 과중한 업무에 쫓겨서 성경 읽기나 신학 공부를 소홀히 하게 됩니다. 솔직히 말해서 매주일 미사 때마다 해야 하는 강론 준비마저도 버거운 것이 일선 사제들의 현실입니다. 사정이 이렇다 보니 한 달에 한 권의 신학 서적을 읽는 것도 쉽지 않습니다.

그렇더라도 사제가 자신에게 주어진 책무를 소홀히 해서는 안 됩니다. 사제들에게는 성경 연구와 신학 공부를 통해서 현실을 신앙의 빛으로 비추어 볼 수 있는 안목을 키우고, 신도들에게도 믿음의 눈으로 현실을 바라볼 수 있도록 인도해야 할 의무가 있습니다.

'신학하기'를 게을리하면 사제는 본당 사목구의 관리자로 전락하기 십상이고 사제로서의 참 권위를 잃게 됩니다. 사제의 권위는 사제직 자체에서 나옵니다. 그러나 '신학하기'를 충실히 하는 사제가 참 권위를 행사할 수 있습니다.

반대로 '신학하기'를 게을리하는 사제는 권위주의에 빠지게 됩니다. 권위주의에 빠진 사제는 신도들 앞에 사제다운 삶이 아니라 사제라는 직분을 내세우게 됩니다. 사제라는 지위 밖에는 내세울 것이 없는 처지가 되면 사제 생활 자체가 공허해집니다. 그리고 그 공허함을 다른 것으로 채우려고 시도하게 됩니다.

사제로서 '신학하기'와 자기 수양을 등한시하면서 이런저런 분야에서 전문가가 되어 권위를 행사하려는 사제들을 종종 봅니다. 지금 우리가 살고 있는 사회가 워낙 다양하기 때문에 특정 분야의 전문 지식을 지닌 사제가 필요합니다. 그러나 그 전문 지식은 사제다움을 바탕으로 했을 때 비로소 빛을 냅니다.

가끔 본말(本末)이 전도(顚倒)되어 사제 직분은 어설프게 수행하면서 다른 일에는 전문가로 자처하는 사제들이 있습니다. 교회와 신도들이 바라는 바는 사제 직분을 충실히 하는 사제입니다.

신학생 시절부터 '자기 사목'을 철저히 하여 3S를 갖춘 사제가 되려고 노력해야 합니다. 사제라는 직위와 직분 밖에는 내세울 것이 없는 얼치기 사제가 되면 전문가가 권위를 행사하는 세상 한가운데서 사제 노릇을 제대로 할 수 없게 됩니다. 다른 분야에는 문외한이어도 사제직 수행에 전문적인 사제는 존경을 받을 뿐 아니라 사제의 권위를 행사할 수 있습니다.

6. 사제의 자리이타행(自利利他行)

대승불교에서는 수행(修行)의 이상(理想)을 '자리이타(自利利他)'라는 말로 표현합니다. 자리(自利)란 스스로를 이롭게 한다는 뜻입니다. 수행(修行) 정진(精進)하여 수도의 공덕을 쌓아서 얻게 된 지혜(智慧)와 복락(福樂) 등의 과덕(果德)을 자신이 향유(享有)하는 것을 자리(自利)라고 합니다. 그러나 여기에 머물면 자기중심적인 이기주의자(利己主義者)가 되고 맙니다.

자리(自利)는 중생구제(衆生救濟), 즉 이타(利他)의 다른 면입니다. 그릇에 물이 차서 충만해지면 자연스럽게 흘러넘치게 됩니다. 이와 같이 수행정진(修行精進)을 통해서 얻은 과덕이 충만해져서 중생(衆生)에게까지 흘러넘쳐야 합니다. 그리고 함께 구원을 얻어야 합니다.

　동전의 양면과 같은 자리(自利)와 이타(利他)를 '이리(二利)'라고 합니다. 자리(自利) 없이 이타(利他)를 이룬다는 것은 공허한 소리에 지나지 않습니다. 내가 곤궁한 처지인데 어떻게 남을 도울 수 있으며, 내가 이기심에 사로잡혀 있는데 어떻게 이웃의 처지를 살필 수 있습니까? 자리이타(自利利他)는 자기 자신의 충만을 통해서 이웃의 구원도 함께 이룬다는 뜻입니다. 뒤집어서 말하면 자기를 구제하지 못하는 사람은 남을 구제할 수 없다는 뜻입니다.

　신학생 시절은 자기 충만을 위한 시간입니다. 성품성사를 받고 사제가 되면 자기 충만의 즉 자리(自利)를 통해서 이타(利他)의 사목(司牧)을 하여야 합니다.

　예수님께서도 이렇게 말씀하십니다. "너희는 세상의 소금이다. 그러나 소금이 제 맛을 잃으면 무엇으로 다시 짜게 할 수 있겠느냐? 아무 쓸모가 없으니 밖에 버려져 사람들에게 짓밟힐 따름이다. 너희는 세상의 빛이다. 등불은 켜서 함지 속이 아니라 등경 위에 놓는다. 그렇게 하여 집 안에 있는 모든 사람을 비춘다."(마태 5,13-15)

　짜지 않은 소금, 녹지 않는 소금은 음식의 맛을 낼 수 없습니다. 기름 없는 등잔이 어떻게 어둠을 밝힐 수 있습니까? 신학생과 사제에게 '자기 사목'을 요구하는 이유가 여기에 있습니다.

　예수님은 또 이렇게 말씀하십니다. "밀알 하나가 땅에 떨어져

죽지 않으면 한 알 그대로 남고, 죽으면 많은 열매를 맺는다."(요한 12,24)

밀알은 땅에 떨어져 죽어야 새싹이 나고 많은 결실을 맺을 수 있습니다. 그러나 땅에 떨어져 죽은 모든 밀알에서 다 싹이 나는 것이 아닙니다. 쭉정이 밀알은 땅에 떨어지면 썩기만 할 뿐 새싹이 나지 않습니다. 당연히 아무런 결실도 기대할 수 없습니다.

'자기 사목'을 통해서 자리(自利)를 이룬 충실한 밀알이 땅에 떨어져 죽을 때 거기서 새싹이 돋고 또 많은 열매를 맺게 됩니다[利他]. 신학생이 사제가 되겠노라 결심하고 인생의 방향을 그리로 정한 것은 한 알 밀알이 되겠다는 것입니다. 당연히 충실한 밀알이 되도록 노력해야 합니다. 세월이 흘러서 밀알이 되긴 했지만 속 빈 쭉정이 밀알이 된다면 자신의 인생도 실패하겠지만, 교회와 신도들에게도 피해와 실망을 안겨 주게 됩니다.

사제는 하늘과 땅 사이, 하느님과 사람 사이의 다리가 되어 주는 사람입니다(pontifex). 튼튼한 다리가 되어야 많은 사람들이 안심하고 그 다리를 밟고 건너서 높은 곳으로 오를 수 있습니다. 스스로도 지탱할 수 없는 허약한 다리, 썩어서 언제 허물어질지 알 수 없는 다리를 밟고 지나가는 사람은 언제 불행한 사고를 당할지 알 수 없습니다. 스스로도 지탱할 수 없는 허약한 다리나 썩어 버린 다리는 허물어져서 자신도 불행해지지만 많은 사람들을 함께 불행 속으로 몰고 가게 됩니다.

　몇 해 전에 있었던 성수대교 붕괴 사건을 아직도 생생하게 기억하고 있습니다. 보기에 멀쩡해 보이는 다리가 한순간에 무너져 내려 수많은 사람들을 불행하게 만들었습니다.

　신학생이나 사제들이 스스로 튼튼한 다리가 되는 것은 자기 자신을 위한 일입니다[自利]. 튼튼한 다리가 된 신학생이나 사제는 교회와 신도들을 행복하게 만듭니다[利他]. 신학생과 사제의 자리(自利)는 궁극적으로 이타(利他)입니다.

7. 현대판 3S에 휘둘리는 사제와 신학생들

　예수님의 제자로서 이 땅에 살지만 이 땅에 속하지 않고 하느님께 속한(요한 17,14-16) 신학생들과 사제들만 3S를 추구하고 있는 것은 아닙니다. 이 세상과 세상에 속한 사람들도 3S를 추구합니다. 그들이 추구하는 3S는 건강(sanitas)과 성덕(sanctitas)과 지식(scientia)이 아닙니다. 그들이 추구하는 3S는 Sex와 Star(Screen, Sports)와 Speed입니다.

　불행하게도 건강과 성덕과 지식을 추구해야 할 신학생과 사제들도 자신도 모르는 사이에 세상에 속한 사람들이 추구하고 있는 3S를 찾으면서 정작 자신들이 추구해야 할 3S를 망각하고 있습니다.

1) Sex

Sex는 찰나적(刹那的)이며 향락적(享樂的)인 현대의 소비문화(消費文化)를 한마디로 나타내고 있습니다. 현대인들은 심각하고 골치 아픈 것을 싫어합니다. 무엇이든지 간단하고 편리하고 편해야 합니다. 그리고 신나고 재미있어야 합니다. Sex는 찰나적인 감각문화를 대변합니다. 여기에 빠지면 자신을 상실할 뿐 아니라 영적 정신적 황폐화를 초래하게 됩니다.

정보통신 기술(IT)의 발달은 현대인들의 삶을 혁명적으로 바꾸어놓고 있습니다. 컴퓨터와 인터넷(internet)이 없는 삶을 상상할 수 없게 되었습니다. 모든 것을 너무나 빠르게 동시에 편리하게 만들어 놓은 정보통신 기술은 한편으로는 사람들의 정신과 영혼을 황폐화시킬 수도 있습니다.

여기서는 IT와 관련하여 두 가지만 지적하고자 합니다. '게임'과 '음란물'이 바로 그것입니다. 2006년 2월에 '전국 가톨릭대학교 영성 지도 신부단'에서는 '신학생 컴퓨터 및 인터넷 사용 실태 보고서'를 낸 적이 있습니다. 이 보고서에 의하면 거의 모든 신학생들이 컴퓨터와 인터넷을 사용하고 있습니다. 신학생들이 게임이나 음란물에 얼마나 자주 접속하고 있는지도 조사했습니다. 신학생들은 신분에 걸맞게 아직까지는 비교적 건전한 방향으로 컴퓨터와 인터넷을 사용하고 있습니다. 그러나 컴퓨터와 인터넷에 중독성이 있다는 사실을 감안한다면 염려하지 않을 수 없습니다.

이것은 사제들의 경우도 예외는 아닙니다.

사목에 유용하게 활용할 수 있는 컴퓨터와 인터넷이지만 자칫 잘못하면 그것들의 포로가 되어 사목도 망치고 인성도 파탄 맞을 위험이 있습니다.

자신의 정체성(正體性)과 신원(身元)을 잃지 않고 목적과 수단을 혼돈하지 않는다면 컴퓨터와 인터넷은 복음 선포의 좋은 동반자가 될 수 있습니다. 그러나 그 반대의 경우도 염려해야 합니다.

한편, 가난한 서민들이 접근하기에는 아무래도 거북한 웅장하고 화려한 성당, 편리하고 쾌적한 수도원, 맨션아파트를 능가하는 사제관, 고급스러운 크고 값비싼 승용차, 아직도 고급 운동인 골프 – 많이 대중화되긴 했지만 아직도 한국 사회에서 서민 대중들은 꿈꿀 수 없는 운동입니다. 서민들은 돈도 없지만 시간도 없습니다. – 돈과 지위가 있는 신도들과의 사교(社交) 등을 선호한다는 것은 분명히 문제가 있습니다. 이런 곳에서 '사람의 아들은 머리를 기댈 곳조차 없다' 하신 가난한 예수님을 만날 수 없습니다.

작금(昨今), 온 세상을 충격으로 몰아넣은 미국 가톨릭 사제들의 청소년 성학대 추문은 교회가 얼마나 깊이 찰나적인 감각문화에 함몰되어 있는지를 웅변적으로 말해 주고 있습니다.

예수님은 십자가의 길을 제시하셨을 뿐 아니라 그 길을 가셨습니다. 십자가의 길은 좁고 험한 고통스러운 죽음의 길입니다. 그러나 그 뒤에는 부활(復活)이 감추어져 있습니다. 교회가 이 시대에 소금과 빛의 역할을 다하기 위해서는 십자가의 길을 제시하는 것 말고는 다른 길이 없습니다.

　신학생과 사제들마저 편하고 화려하고 안락하고 신나고 재미있는 길을 찾는 세태(世態)에 함께 휩쓸린다면 이 세대는 희망이 없습니다. 영적 정신적 빈곤에 빠져서 향락과 안일로 치닫는 현실을 치유하고 구제하는 일을 교회가 포기해서는 안 됩니다.

　신학생들은 철저한 자기 수련을 통해서, 사제들은 검소하고 절제된 삶을 통해서 이 세대에 밝은 빛이 되고 소금이 되어야 합니다.

2) Star(Screen, Sports)

　스타(star)는 대중문화(大衆文化)의 주역입니다. 스타가 되면 대중 매체의 주인공이 될 뿐 아니라 돈도 벌 수 있고 박수갈채도 받습니다. 그래서 많은 사람들이 스타가 되어서 출세하기를 바랍니다. 특별히 청소년들과 젊은이들에게 스타는 거의 우상에 가까운 존재입니다. 그들의 언행(言行)과 치장은 청소년들의 무조건적인 모방의 대상입니다.

　인기(人氣)라는 바탕 위에 서 있는 스타는 언제나 대중들의 구미와 취향에 맞추어서 행동해야 합니다. 그래야 돈도 벌고 인기도 유지할 수 있습니다. 대중들로부터 외면당하면 그 순간에 스타는 무너지고 맙니다. 스타는 인기를 유지하기 위해서 피나는 노력을 해야 하고 끊임없이 자기 변신(變身)을 도모해야 합니다. 또한 대중의 환심을 사기 위해서 노력해야 합니다.

사제(司祭)는 스타가 아닙니다. 신학생은 스타 같은 사제가 되기를 꿈꾸는 사람이 아닙니다. 만일 어떤 사제가 신도들의 구미나 취향에 맞추어서 사목 활동을 펼쳐서 신도들의 박수갈채와 인기를 얻으려고 애쓴다면 사제의 본분을 벗어나게 됩니다.

사제는 신도들을 하느님의 성숙한 자녀가 되도록, 예수님의 충실한 제자가 되도록 사목하고 이끌어야 합니다. 그렇지 않고 신도들을 사제 자신의 열렬한 팬(fan)으로 만들려고 한다면 분명히 잘못된 것입니다.

그러나 현실적으로 이런 일들이 비일비재(非一非再)하게 일어나고 있습니다. 저 자신도 사목 현장에서 이런 일들을 자주 경험합니다. 신도들은 가끔 이렇게 말합니다. "신부님이 좋아서 성당에 나옵니다." 그리고 제가 다른 성당으로 이동하고 난 다음에 들려오는 소식은 정말 기가 막힙니다. 후임 사제가 부임하고 난 후에 많은 신도들이 성당에 나오지 않는다는 것입니다. 결과적으로 신도들을 예수님의 제자가 아니라 사제 자신의 팬(fan)으로 만들고만 것입니다.

사목 현장에서 열과 성을 다하는 사제의 모습은 정말 아름답습니다. 사제의 이런 모습이 신도들을 감동시키고, 신도들은 이런 사제를 통해서 예수님을 만납니다. 그러나 분명한 사실은 열과 성을 다하는 사목 활동이 사제 자신의 자기 성취와 만족을 위한 것이어서는 안 된다는 것입니다. 사제는 최선을 다하여 봉사하고 이렇게 말해야 합니다. "그분은 커지셔야 하고 나는 작아져야 한다."(요한3,30) 사제는 예수님의 자리를 차지할 수도 없지만, 예수님의 자리를 차지하려 해서도 안 됩니다.

가끔 개신교 목사 중에서 자칭 예수 혹은 재림 예수를 자처하는 경우를 봅니다. 참으로 어처구니없는 스타 중독증이라 아니할 수 없습니다.

사제는 사제 본연의 직무에 충실하면서 신도들로부터 사랑받아야 합니다. 사제 본연의 직무는 소홀히 하면서 특정한 분야에 두각을 나타내면서 인기를 얻고자 하거나 눈에 보이는 성과에 연연하면서 신도들의 관심을 얻고자 하면 본말(本末)이 전도(顚倒)된 것입니다.

하느님 나라를 선포하는 사목은 결코 신나고 재미있는 일이 아닙니다. 그렇다고 재미없는 일이라고 할 수도 없습니다. 하느님의 사랑과 축복은 감각적이거나 찰나적인 것이 아니기 때문입니다. 그러나 현대인들 특히 청소년과 젊은이들은 워낙 감각적이고 찰나적인 흥미 위주의 대중문화에 중독된 나머지 신앙 생활에서마저도 그런 것들을 찾습니다.

사목 일선에서 현실적인 세태(世態)의 흐름을 거스를 수 없습니다. 하느님의 말씀은 언제나 현실 가운데서 선포되고 성취되기 때문입니다. 하느님의 말씀이 처음에는 직접, 구약 시대에는 예언자들을 통해서 선포되고, 마지막 시대에는 말씀이 예수님이라는 한 인간이 되어 이 땅에 오신 것을 보아서도 잘 알 수 있듯이, 첨단 과학 시대인 오늘날에도 세태(世態)에 맞게 복음 선포와 사목이 이루어져야 합니다. 그러나 세태에 편승(便乘)하여 본질을 흐리게 해서는 안 됩니다.

신세대 젊은 사제들이 성찬 전례나 공동체 전례를 흥미 위주로 이끌어 가려는 경향이 있습니다. 강론(講論)마저도 유머와 위트가 넘치는 재미있는 강론을 하려고 노력합니다. 흥미에 치중하면 당장은 젊은이들의 호기심과 취향을 만족시킬 수는 있겠지만, 시간이 지나면 아무것도 남지 않습니다.

예수님도 군중들의 호기심과 취향을 적극적으로 활용하는 복음 선포 방법을 선호합니다. 그러나 그분은 결코 본질을 훼손하거나 놓친 적이 없습니다. 갖가지 비유 말씀으로 청중을 사로잡는 그분의 복음 선포 방식도 그렇고, 때로는 채찍을 휘두르거나 좌판을 둘러엎음으로써 하느님의 집인 성전(聖殿)에 대한 열정을 드러내는 방법은 아무도 상상하지 못하는 기상천외(奇想天外)한 것입니다. 그럼에도 불구하고 예수님은 언제나 듣는 사람들의 눈과 마음을 하늘나라[天國]를 향하게 합니다.

복음 선포는 눈에 보이는 성과를 금방 얻어내는 것이 아닙니다.

하느님 나라의 선포는 실패와 고난을 전제(前提)하고 있는지 모릅니다. 공생활을 준비하시던 예수님은 성전 꼭대기에서 뛰어내려 군중들 앞에서 슈퍼스타(superstar)가 되어 보라는 악마의 유혹을 단호히 거절합니다(마태 4,5-7).

하느님 나라를 선포하기 위해서 이 땅에 오신 예수님은 하느님의 뜻을 이루고 실천하기 위해서라면 목숨을 바치지만 백성들로부터 인기와 박수갈채를 받으려고 하지 않습니다. 예수님은 인기와 박수갈채 대신에 처절한 실패를 선택하십니다. 사실 하느님의 뜻[天命]을 따르고 사람을 사랑하는 경천애인(敬天愛人)의 길(마태 22,34-40)은 분명히 좁고 험한 십자가의 길입니다.

3) Speed

세 번째로 현대인들이 추구하는 것은 Speed입니다. Speed는 속도, 즉 빠른 것을 의미하는데 현대인들은 빠른 것을 좋아합니다. 느린 것과 눈에 보이는 성과가 드러나지 않는 것을 참지 못합니다. 그래서 모든 것을 계량화(計量化), 수치화(數値化), 통계화(統計化)하고 어떤 성과가 이루어졌는지 가늠하기를 좋아합니다.

현대인들은 가시적(可視的)인 성과와 손으로 만져지는 결과를 얻기 위해서, 그리고 다른 사람들이 피부로 느낄 수 있는 성과를 얻기 위해서 수단과 방법을 가리지 않습니다.

당연한 결과로 순서와 절차, 합리적인 과정을 무시하는 일이 벌어집니다. 순서와 절차 그리고 합리적인 과정을 거치게 되면 많은 시간이 필요합니다. 의견을 통합하고 의사를 결정하는 데도 어려움이 있습니다. 그리고 눈에 보이는 성과를 쉽게 거둘 수 없습니다. 현대 사회에서 온갖 불법과 폭력, 부정과 비리가 일상화하는 이유가 여기에 있습니다. 불법, 폭력, 비리를 통하면 쉽게 눈에 보이는 성과를 거둘 수 있기 때문입니다.

교회 안에서도 이런 일들은 비일비재(非一非再)하게 일어납니다. 본당 공동체의 주인인 신자들의 의사나 사목협의회의 의견을 무시하고 본당 주임 사제가 독단적으로 의사를 결정하거나 전횡을 일삼는 것들이 바로 그것입니다.

눈에 보이는 결과를 거두지 못하면 불안해 하고 끊임없이 사업을 벌려야 직성이 풀리는 것은 성과와 업적 위주의 speed 문화에 오염된 탓입니다.

사제(司祭)가 하는 일은 눈에 보이는 성과가 드러나는 일이 아닙니다. 하느님 나라를 선포하는 일, 하늘과 사람 사이에 다리를 놓는 일(pontifex)은 눈에 보이지도 않고 계량화(計量化)할 수도 없습니다. 성별(聖別)된 사람(sacerdos)이 묵묵히 자신의 직무에 충실함으로써 이룩할 수 있는 일입니다.

그럼에도 불구하고 사제들은 사목 현장에서 눈에 보이는 성과를 거두기 위해서 고심하고 있습니다. 성당을 신축한다거나 교육회관을 건립하는 일에 몰두하고 부임지마다 사제관이나 수녀원 혹은 성당을 뜯어고치거나 수리하는 일에 신경을 씁니다. 그리고 자신의 재임 기간 동안 얼마나 많은 신영세자(新領洗者)가 나왔는지, 교무금과 주일 헌금이 얼마나 늘었는지 따위에 신경을 곤두세웁니다. 이런 일들이 모두 가시적인 것들입니다. 가시적인 성과에 매달리다 보면 무리가 따르고 말썽이 일어나게 마련입니다.

성과에 연연하지 않고 자신의 직무에 충실하면 언젠가는 그 열매가 눈에 보이도록 나타나게 마련입니다. 그러나 여유와 느긋함이 부족하기 때문에 서두를 뿐 아니라 가시적인 업적 위주의 사목을 펼치려고 노력합니다.

이런 일들이 벌어지는 이유는 speed 문화 때문이기도 하지만, 사실은 기도 생활을 소홀히 하거나 아예 기도하지 않기 때문입니다. 기도하지 않는 사제는 하늘의 뜻보다는 자신의 뜻을 관철하려 합니다. 하느님 영(靈)의 비추심과 인도하심에 순응하기보다 자기의 고집과 주장을 내세웁니다. 기도하지 않기 때문에 영성적인 깊이가 모자라고 내면적인 기쁨을 누릴 수 없습니다. 그 부족함과 갈증을 눈에 보이는 성과와 업적을 통해서 채우려고 합니다.

8. 자멸타망(自滅他亡)의 길

교회는 해마다 교세통계표를 발표합니다. 통계표에 따르면 해마다 신도 수가 증가하고 본당의 숫자도 증가합니다. 신학생이나 사제의 숫자도 늘어나고 있습니다. 통계상의 숫자가 증가하는 만큼 정비례하여 사회가 밝아지고 삶의 질도 향상되어야 당연합니다. 주변에서 소외되거나 고통받는 이웃들도 줄어들고 자연환경도 좋아져야 합니다.

그러나 현실적으로 정반대의 현상도 일어나고 있습니다. 통계상으로 본당이나 신도의 숫자, 신학생과 사제의 숫자는 늘어나고 있어도 주일 미사에 참례하면서 신앙 생활에 충실하는 신도들의 숫자는 줄어들고 있습니다. 신앙 생활을 포기하거나 교회를 떠나는 신도들의 숫자도 증가하고 있는 실정입니다.

지금 교회가 안고 있는 심각한 문제 중에 하나는, 미신자(未信者)들이 가톨릭 교회와 성직자들에 대해서 호감(好感)을 가지는 반면에 교회 내부의 신자들이 가지는 반교회적(反敎會的), 반성직자(反聖職者) 정서(情緖)입니다.

이런 정서가 폭넓게 확산되고 있는 것은 현대판 3S에 물든 사제들의 삶의 모습 때문입니다. 여기에 정보통신 기술(IT)과 인터넷의 발달로 익명성(匿名性)이 보장되는 사이버 공간에서 신도들은 그전에는 토로할 수 없었던 교회와 성직자들에 대한 불만을 마음대로 토로할 수 있게 되었습니다.

교회 밖에서 보는 교회의 모습과 교회 안에서 보는 교회의 모습은 다릅니다. 교회 내부에서 신자들의 눈에 비치는 사제들의 모습이 결코 긍정적이지 않다는 사실은 많은 것을 생각하게 합니다.

'우선 먹기는 곶감이 달다'는 속담이 있습니다. 현대판 3S는 화려하고 인기 있고 편하고 재미있습니다. 그리고 손에 잡히고 눈에 보이는 성과를 약속합니다. 그러나 그것은 유혹이자 함정입니다. 교회와 사제들이 현대판 3S에 함몰(陷沒)되거나 휘둘리면 겉으로 드러나기는 그럴싸해도 이 시대와 사람들로부터 외면당하게 됩니다. 현대판 3S는 자리이타(自利利他)의 길이 아니라 자멸타망(自滅他亡)의 길입니다.

예수님도 공생활을 시작하시기 전에 똑같은 유혹을 받습니다(마태 4,1-11). 그러나 예수님은 박수갈채를 받을 수 있고 효율적일 뿐 아니라 자신의 능력을 과시하면서 인기를 누릴 수 있는 길을 단호하게 거부합니다. 그리고 애써서 좁고 험한 십자가의 길을 갑니다.

9. 예수님의 '자기 사목'

예수님께서 하늘의 뜻[天命]을 따르기 위해 의연하게 십자가의 길을 갈 수 있었던 것은 철저하게 자기 관리를 했기 때문입니다. 복음서는 예수님의 자기 관리 즉 '자기 사목'에 대해서 많은 정보를 제공합니다. 간략하게 사제와 신학생이 갖추어야 할 3S에 비추어서 살펴보겠습니다.

1) Sanitas(건강)

예수님은 강인한 육체를 지녔을 뿐 아니라 건강한 정신과 영혼의 소유자입니다. 그분은 영육(靈肉)의 건강함을 타고났습니다. 그러나 타고난 건강을 지녔다고 하더라도 절제된 생활로 자기 관리를 하지 않는다면 그 건강은 쉽게 소진되거나 무너지고 맙니다.

나자렛에서 목수 아버지 요셉의 건강하고 절제된 생활 모범을 본받아 예수님도 그렇게 생활했을 것입니다. 생계 수단인 목수 일 또한 예수님의 육체적 건강을 가꿀 수 있도록 한 중요한 바탕입니다.

예수님은 공생활을 시작하기 전 광야에서 40일간 엄격하게 재계(齋戒)하십니다. 40일간의 고행(苦行)은 예수님이 대단한 체력의 소유자라는 사실을 잘 말해 줍니다.

마태오 복음 4,23-25에서는 공생활을 개시하신 후, 갈릴래아에서의 첫 전도 일정을 소개하고 있습니다. 간략한 정보이지만 대단히 분주하고 피곤한 일정임을 알 수 있습니다. 건강이 뒷받침되었기에 이토록 열정적인 복음 선포가 가능했습니다.

복음에서는 이런 대목도 볼 수 있습니다. "군중이 다시 모여들어 예수님의 일행은 음식을 들 수조차 없었다."(마르 3,20; 6,31) 수많은 사람들과 만남, 가르침과 치유 등의 일정은 음식 먹을 시간도 없을 만큼 바쁘고 힘들게 이어집니다. 그러나 예수님과 그 일행들은 이런 일정들을 무난히 소화해 낼 수 있을 만큼 강인한 체력을 지니고 있습니다.

예수님은 수없이 많은 병자들을 병마에서 해방시켜 줍니다. 그분의 치유 능력은 기본적으로 건강한 몸과 따뜻한 가슴, 건전한 정신과 맑은 영혼에서부터 나오는 힘입니다. 아무리 능력 있고 뛰어난 명의(名醫)라 할지라도 자기 몸이 건강하지 못하면 다른 사람들을 치유할 수 없습니다. 병약하고 창백한 모습의 예수님이 병자들을 치유한다는 것은 상상할 수 없는 일입니다.

갈릴래아 지방을 종횡무진(縱橫無盡)으로 두루 다니시며 수많은 사람들을 만나고, 그들을 가르치고, 병자들을 치유하고, 밤을 새워 기도하는 예수님(루카 6,12), 유다 지방을 오르내리는 예수님, 십자가를 지고 죽음의 언덕을 오르는 예수님의 모습을 통해서 초인적(超人的)인 건강을 지닌 예수님을 만날 수 있습니다.

예수님이 어떻게 이런 체력과 건강을 지니게 되었는지 복음서는 침묵하고 있습니다. 그러나 분명한 것은 철저한 수련(修練)과 절제된 생활이 뒷받침되지 않으면 이런 건강을 지닐 수 없다는 사실입니다.

2) Sanctitas(성덕)

히브리서의 저자는 예수님을 대사제(Pontifex)라고 부릅니다. 예수님은 우리와 마찬가지로 유혹을 받으시는 연약한 한 인간입니다. 그럼에도 불구하고 대사제(Pontifex)의 영광스러운 직무를 수행하게 된 것은 스스로의 능력으로서가 아니라, 하느님께 큰 소리와 눈물로 기도하고 간구하셨고 고난을 겪음으로써 순종을 배우셨기 때문이라고 증언합니다.(히브리 4,14-5,10)

우리는 복음서 안에서 기도하는 예수님의 모습을 자주 만날 수 있습니다.(마르코 1,35; 6,46; 14,32 이하; 15,34 루카 3,21; 5,16; 6,12; 9,18; 9,28; 11,1 이하 등등) 한마디로 예수님은 기도의 사람입니다. 기도의 사람 예수님은 또한 기도의 스승이기도 합니다.(루카 11,1-13)

예수님은 기도를 통해서 아버지 하느님과 하나가 되었고, 하느님의 뜻을 깨닫고 읽었을 뿐 아니라 하늘의 뜻[天命]을 실천할 수 있는 힘을 얻습니다. 예수님은 당신의 뜻이 아니라 아버지의 뜻이 이루어지도록 기도합니다(루카 22,42). 예수님은 죽는 순간까지 기도합니다(마르 14,32. 루카 23,46).

요한복음은 하느님과 예수님의 하나됨이 얼마나 철저한 것인지를 이렇게 증언합니다. "내 아버지께서 여태 일하고 계시니 나도 일하는 것이다."(요한 5,17) "내가 진실로 진실로 너희에게 말한다. 아버지께서 하시는 것을 보지 않고서 아들이 스스로 할 수 있는 것은 하나도 없다. 그분께서 하시는 것을 아들도 그대로 할 따름이다. 아버지께서는 아들을 사랑하시어 당신께서 하시는 모든 것을 아들에게 보여주신다."(요한 5,19-20) "나는 내 뜻이 아니라 나를 보내신 분의 뜻을 실천하려고 하늘에서 내려왔다."(요한 6,38) "나의 가르침은 내 것이 아니라 나를 보내신 분의 것이다."(요한 7,16) "나를 본 사람은 곧 아버지를 뵌 것이다. 그런데 너는 어찌하여 '저희가 아버지를 뵙게 해 주십시오.' 하느냐? 내가 아버지 안에 있고 아버지께서 내 안에 계시다는 것을 너는 믿지 않느냐? 내가 너희에게 하는 말은 나 스스로 하는 것이 아니다. 내 안에 머무르시는 아버지께서 당신의 일을 하시는 것이다. 내가 아버지 안에 있고 아버지께서 내 안에 계시다고 한 말을 믿어라. 믿지 못하겠거든 이 이들을 보아서라도 믿어라."(요한 14,9-11)

예수님이 이렇게 하느님과 온전히 하나가 될 수 있었던 것은 기도를 통해서입니다. 사실상 예수님의 일상(日常)은 기도와 구분될 수 없을 만큼 긴밀합니다. 제자들은 이런 예수님 안에서 그리스도의 모습을 발견합니다.

루카 복음의 증언을 들어봅니다.

예수님께서 혼자 기도하실 때에 제자들도 함께 있었는데, 그분께서 "군중이 나를 누구라고 하느냐?"하고 물으셨다 …. 예수님께서 다시, "그러면 너희는 나를 누구라고 하느냐?" 하시자, 베드로가 "하느님의 그리스도이십니다." 하고 대답하였다.(루카 9,18-20)

제자들은 기도하는 예수님의 모습을 보고 비로소 그분이 하느님의 그리스도라는 사실을 깨닫습니다.

　예수님이 이토록 철저하게 기도하실 수 있었던 것은 유대 가정의 전통과 어릴 때부터 기도하는 부모의 모범을 보아 왔기 때문입니다. 예수님의 기도 생활은 몸에 밴 것입니다. 마르코 복음은 이렇게 증언합니다. "다음 날 새벽 아직 캄캄할 때, 예수님께서는 일어나 외딴곳으로 나가시어 그곳에서 기도하셨다."(마르 1,35)

　늘 하느님과 하나되어 하늘의 뜻[天命]을 성취하고자 애쓰셨던 예수님은 대사제로서 자신의 소명을 십자가 위에서 완수할 수 있었습니다.

3) Scientia(지식)

　예수님은 어느 정도의 지식과 학식을 갖춘 분일까요? 예수님이 목수 출신이라는 사실을 감안한다면 그분의 교육 수준은 그리 높은 편은 아닌 것이 분명합니다. 루카 복음은 예수님께서 고향 나자렛의 회당에 가셔서 이사야 예언서의 두루마리를 받아서 읽었다고 증언합니다(루카 4,16-23). 사실인지 확인할 길은 없지만 예수님은 문맹(文盲)이 아니었음이 분명합니다. 예수님 시대에는 거의 대부분의 사람들이 글을 읽지 못하는 문맹자들이었습니다. 그렇다면 글을 읽을 수 있었던 예수님은 신분은 낮았지만 상당한 지식층에 속합니다. 실제로 예수님의 모습은 랍비이고 많은 제자들을 거느리고 있습니다. 그리고 군중들 앞에서 유창한 언변과 비유로 가르침을 펼치는 분입니다.

  복음사가들은 예수님의 어록과 행적들을 수집하여 복음서를 기록합니다. 복음서 안에서 발견되는 예수님의 어록들은 그분이 하느님 나라에 대한 깊은 신학적 지식을 지니고 있었고, 세상과 사람들에 대한 애정과 인생살이에 대한 남다른 통찰력을 지니고 있다는 사실을 증언하고 있습니다.

  예수님은 당시 최고 지식층이었던 율법학자들과 바리사이파 사람들과의 논쟁에서도 결코 뒤지지 않는 지식과 지혜를 발휘합니다. 율법학자들과 바리사이파 사람들이 율법의 고식적인 틀에 갇힌 답답한 지식인들이라면, 예수님은 그 무엇에도 얽매이지 않으면서도 경천애인(敬天愛人)의 길을 열어 주는 참 지식인, 즉 깨달은 사람입니다. 그래서 예수님은 율법학자들이나 바리사이파 사람들을 훨씬 능가하는 권위를 지니고 있습니다.

  복음서는 이렇게 증언합니다. "예수님께서 이 말씀들을 마치시자 군중은 그분의 가르침에 몹시 놀랐다. 그분께서 자기들의 율법학자들과는 달리 권위를 가지고 가르치셨기 때문이다."(마태 7,28-29) 예수님의 권위는 가르침을 넘어서 마귀를 쫓아내는 데까지 이릅니다.

  사람들이 모두 놀라, "이게 어찌 된 일이냐? 새롭고 권위 있는 가르침이다. 저이가 더러운 영들에게 명령하니 그것들도 복종하는구나."하며 서로 물어보았다.(마르 1,27)

권위주의(權威主義)에 사로잡힌 사이비(似而非) 권위는 악의 세력을 불러들입니다. 그러나 참 권위(權威)는 악의 세력을 몰아냅니다. 예수님은 참 권위를 행사하는 분이고 그분 주위에는 어둠이나 악의 세력이 기생(寄生)할 수 없습니다.

예수님의 지식과 지혜는 삶과 유리(遊離)된 메마른 지식이 아닙니다. 세상과 사람, 그리고 삶에 대한 애정을 바탕으로 한 살아있는 지식입니다. 예수님은 '신학하기'를 몸으로 실천한 분입니다. 예수님의 가르침이 세기(世紀)를 넘어서 오늘 현대인들에게도 삶의 길잡이가 되는 이유가 여기에 있습니다.

10. 마치며

예수님의 '자기 사목'은 감동적입니다. 그분은 십자가의 죽음을 눈앞에 보면서도 흔들림 없는 발걸음을 옮길 수 있을 만큼 자기관리에 철저합니다. 예수님이 대사제(大司祭 Pontifex), 즉 큰 다리가 되어 온 인류가 그 다리를 밟고 하늘 높은 곳으로 오를 수 있게 된 것도 '자기 사목'을 철저히 했기 때문입니다. 그분의 자리이타행(自利利他行)으로 우리는 하느님을 아버지라고 부를 수 있게 됩니다.

사제(司祭)를 일컬어서 흔히 제2의 그리스도(Alter Christus)라고 합니다. 과연 사제는 제2의 그리스도입니다. 다만 스승이요 주님이

신 예수님을 닮아서 신도들을 바르게 섬기고 그들을 위해서 튼튼한 다리(pontifex)가 되어줄 때 사제는 '제2의 그리스도'입니다. 낮은 곳에 엎드려 신도들이 사제라는 다리를 밟고 하늘 높은 곳으로 오를 수 있을 때 '제2의 그리스도'라는 호칭이 어울립니다.

그러나 한국 교회 안에서 '제2의 그리스도'라는 호칭은 성직자 중심의 권위주의의 냄새가 강하게 풍기는 것은 무엇 때문일까요? 그 이유를 여기에서 일일이 설명하지 않아도 좋을 것입니다.

예수님은 당시의 종교 지도자들과 율법학자들 그리고 바리사이파 사람들을 향해 이렇게 질타(叱咤)합니다. "그들을 내버려 두어라. 그들은 눈먼 이들의 눈먼 인도자다. 눈먼 이가 눈먼 이를 인도하면 둘 다 구덩이에 빠질 것이다."(마태 15,14)

밝고 맑게 눈을 뜨지 못해서 제 갈 길도 보지 못하는 주제에 다른 사람들을 인도하겠다고 덤비는 것은 모두에게 불행한 일입니다. 눈먼 이가 길잡이가 되면 자신뿐 아니라 다른 사람들까지도 불행의 구렁텅이에 빠뜨리게 됩니다.

길잡이의 눈을 멀게 하는 것들은 천지 사방에 널려 있습니다. 예수님의 이 힐책(詰責)이 오늘 사제의 길을 걷고 있는 모든 이들에게도 해당됩니다.

이왕에 사제의 길을 걷고 있는 이들은 말할 것도 없고, 앞으로 사제의 길을 걷겠노라 준비하고 있는 신학생들이 우선적으로 해야 할 일은 '자기 사목'입니다. '자기 사목'에 실패하면 다른 사람을 사목할 수 없습니다. '자기 사목'에 실패한 사람이 혹시 다른 사람들을 사목한다 하더라도 그것은 이미 사목이 아니라 함께 구덩이에 빠지는 일입니다.

교회 안에 의식 있는 신도들은 한국 교회의 위기를 이야기합니다. 한국 교회 위기 담론의 한가운데 사제들이 자리 잡고 있습니다. 위기를 타개하기 위한 여러 가지 방안과 교회의 개혁과 쇄신이 논의되고 있습니다. 그러나 아무리 좋은 방안이 나온다고 하더라도 그 방안을 실천할 인물들이 복음 정신으로 투철하지 않다면, 그 방안들은 무용지물이 되고 맙니다. 체제나 제도의 개혁도 중요하지만 그것들을 실천할 사제들의 쇄신은 더욱 중요하고 시급합니다.

예수님께서 고향 나자렛 사람들로부터 푸대접을 받으시면서 하신 말씀이 비수(匕首)처럼 다가옵니다. "의사야, 네 병이나 고쳐라."(루카 4,23)

05
몽돌과 수도승[6]

1. 학동 해변의 몽돌

수도원 뒷산에 오르면 진해만이 내려다보이고 멀리 거제도가 그림처럼 펼쳐집니다. 거제도에 가 보신 적이 있습니까? 참 아름다운 섬이지요. 그러면 학동 바닷가에도 가 보셨겠군요. 못 가 보셨다고요? 다음에 거제도에 가시거든 학동 해변에 꼭 한번 가보십시오. 거기에는 유명한 것 두 가지가 있습니다. 동백과 몽돌 해변입니다.

천연기념물 233호로 지정된 동백 숲은 십 리나 됩니다. 5월이 되면 팔색조가 날아드는데 동백 숲과 함께 천연기념물 233호로 지정되어 있습니다. 울음소리는 들을 수 있지만 팔색조를 본 사람은 드물다는군요.

학동 해변의 동백나무는 겨울에도 진홍꽃을 피웁니다. 소금기

---

[6] 이 글은 『들숨날숨』 2001년 4월호 '종교마당'에 실렸던 글입니다.

머금은 바닷바람에 늘 부대끼면서도 동백나무들은 짙은 초록잎을 반짝이면서 싱싱한 생명력을 자랑하고 있지요. 그 충만한 생명력이 핏빛 꽃송이가 되어서 이파리들 사이로 삐져나왔는지도 모르지요. 얼마 후면 핏방울 떨어지듯 동백꽃들이 떨어지고 동백숲은 선혈 낭자한 꽃바다가 됩니다.

저는 지금 동백 숲 이야기를 하고 싶은 것이 아닙니다. 학동 해변의 몽돌 이야기를 하고 싶은 것입니다. 동백나무들이 진초록 이파리들을 눈부시도록 흔들고 서 있는 산언저리 아래 바닷가에는 까만 몽돌들이 동백나무에 질세라 물기 머금은 채 햇빛에 반짝이고 있지요. 어떤 것은 아이 머리만 하고 어떤 것은 어른 주먹만 하고 어떤 것은 조약돌 같이 작습니다. 모습은 제각기 달라도 오랜 세월 동안 함께 살아온 한 가족이라는 것을 알 수 있지요.

몽돌 가족들은 해변에 그냥 조용히 있는 것이 아닙니다. 노래도 부릅니다. 노래라기보다는 몽돌들의 합창이라는 편이 더 어울리겠군요. 파도가 밀려올 때 몽돌들은 서로의 몸을 부딪치면서 노래를 부릅니다. 밀려왔던 파도가 부서져 부드러운 물살이 되어 바다로 쓸려갑니다. 그때 몽돌들이 부르는 노랫소리는 너무나 조화롭고 아름다워서 넋이 빠질 지경이지요. 들어보셨습니까? 물살에 쓸리며 부르는 몽돌들의 합창 소리. 촤르르 - 촤르르-

한여름 전국에서 수많은 사람들이 여름 휴가를 즐기려고 몽돌 해변으로 몰려올 때는 이 합창을 잘 들을 수 없습니다. 사람들이 내는 소음 때문이지요. 늦가을이나 겨울철이 되면 몽돌들의 노랫소리를 더 잘 들을 수 있습니다. 적막한 학동 바닷가에서 밀려오고 쓸려 가는 파도소리에 화음을 맞추는 몽돌들의 합창 소리. 쏴- 쏴- 촤르르- 촤르르.

본래부터 학동 바닷가에 동글동글한 몽돌들이 있었던 것은 아닙니다. 지금은 동글동글하지만 처음에는 각지고 모난 못생긴 돌들이었습니다. 오랜 세월 동안 한 곳에 머물면서 밀려오고 쓸려 가는 파도에 씻기고, 서로 부딪쳐서 깨지고 깎여서 지금처럼 동글동글한 몽돌이 되었지요. 이제는 아무리 거센 파도가 밀려와서 서로 몸을 부딪쳐도 더이상 깨지거나 떨어져 나갈 것도, 깎여 나갈 것도 없습니다. 이미 동글동글한 몽돌이 되었기 때문이지요. 깨어지고 부서지고 깎여져 나가는 아픔을 참았던 인고의 세월이 각지고 모난 돌을 동글동글한 몽돌로 만들었습니다.

이제는 파도가 밀려와 서로 몸을 부딪쳐도 조금도 아프지 않습니다. 오히려 서로 몸을 부딪치면서 노래하는 경지에 이르게 되었습니다.

2. 수정의 성모 트라피스트 수도원

마산시 합포구 구산면 수정리. 수정리(水晶里)라는 마을 이름이 참 아름답지요. 수정처럼 맑은 바다가 내려다보이는 산언저리에 엄률시토회 '수정의 성모 트라피스트 수도원'이 자리 잡고 있습니다.

수도원 뒷산에 오르면 진해만과 시가지가 눈앞에 펼쳐지고, 올망졸망 이름 모를 작은 섬들과 거제도가 손에 잡힐 듯하지요. 서쪽으로 고성만이 한눈에 들어오고 날씨가 좋으면 동쪽으로 부산까지 보입니다.

수정만을 돌아 수도원 정문에 들어서면 '주님을 섬기기 위한 배움터', '수정의 성모 트라피스트 수도원'이라 쓴 주련(柱聯)을 볼 수 있습니다. 그러나 사실 이곳은 보이지 않는 파도 몰아치는 바닷가입니다. 그 바닷가에 서른 남짓한 모난 돌멩이들이 모여서 서로의 몸을 부딪치며 치열하게 자신을 깎고 다듬는 수도 도량이지요.

겉으로 보기에 고요하고 적막해서 '정말 여기에 사람이 살고 있는가'라는 생각이 들 정도이지요. 종탑이 있는 수도원 건물만 있고 그 안에 사람이 살지 않는 듯 조용합니다. 온 세상이 잠들어 있는 이른 새벽, 여명과 함께 수정 포구에 울려 퍼지는 종소리가 수도승들이 살고 있다는 신호입니다. 이때부터 수도승들이 잠자리에 들기 전 하루를 마감하며 바치는 삼종기도 때까지 수정 포구에는 끊임없이 종소리가 울려 퍼지지요.

수도승들의 간절한 기도가 종소리에 실려서 수정 앞바다를 건너 온 세상을 향해서 퍼져 나갑니다. 독서기도, 아침기도, 미사, 삼시경, 육시경, 구시경, 저녁기도, 끝기도. 적막하기만 한 수도원에서 하루 종일 종소리가 울려 나오고, 그 종소리는 자고 있는 영혼들을 흔들어 깨우지요.

지난날 성당의 종소리와 예배당의 스피커에서 울려 퍼지던 차임벨 소리가 경쟁하던 때도 있었습니다. 그런데 언제부터인지 우리가 살고 있는 세상에서 종소리를 들을 수 없게 되었습니다. 하기는 도심 한가운데 있는 성당이나 예배당에서 섣불리 종을 쳤다가는 혼쭐날 테니까요. 가슴을 두드리며 영혼을 깨우는 종소리는 소음으로 바뀌고, 정신을 혼미하게 만들고 영혼을 병들게 하는 소음이 감미로운 소리로 바뀐 이상한 시대에 우리는 살고 있습니다.

평소 종소리를 듣지 못하던 사람들이 수도원의 종소리를 들으면 묘한 감정에 휩싸입니다. 뭐라고 설명하면 좋을까요. 종소리를 듣고 눈물을 흘려 보신 적이 있나요? 수정 포구 사람들은 이른 새벽부터 초저녁까지 쉼 없이 울리는 종소리를 듣고 살지요. 종소리를 듣는 것만으로도 수정 마을 사람들의 마음은 수정같이 맑고 깨끗해질 것입니다.

종소리 말고는 적막하기만 한 수도원이지만, 그 안에서는 때로 폭풍우가 몰아칠 때도 있고, 거친 파도가 밀려올 때도 있습니다. 수도승들은 파도와 폭풍우 속에서 서로 부딪치기도 하고 깎이기도 하면서 자신들을 다듬고 있습니다. 언젠가는 동글동글한 몽돌이 될 것이라는 희망을 가지고.

　이곳의 수도승들은 고독과 침묵 속에서 기도하고 일하며 수도와 수행에 전념하고 있습니다. 기도와 노동이 그들을 더 높은 곳으로 인도하겠지만 서로 부딪치며 깎고 다듬는 것도 중요한 수도 방편 중에 하나입니다.

　지금 한창 자신들을 깎고 다듬는 중이지만 그들의 노랫소리는 맑고 아름답습니다. 그러나 가끔 그 노랫소리가 제 귀에 신음 소리로 들릴 때도 있습니다. 때로는 밀려오는 파도가 거센 탓인지, 서로 부딪치면서 떨어져 나가는 상처가 깊고 아픈 탓인지 수정 바닷가를 떠나는 돌멩이도 있습니다.

3. 약사암에서

　장성 백암산을 오르다 보면 깎아지른 듯한 학바위 절벽 바로 아래 약사암이 있습니다. 지난가을 혼자 백암산을 오르다가 물을 얻기 위해서 약사암에 들렀습니다. 후덕해 보이는 비구니 스님이 물 대신에 녹차를 끓여 물병을 가득 채워 주었습니다.

　파랗게 깎은 스님의 머리가 영락없이 학동 해변의 몽돌이었습니다. 아, 수도승들은 다 몽돌이구나!

"가톨릭에서도 수도승이라고 해요?"

"가톨릭 수도자들을 다 수도승이라고 부르지는 않습니다. 가톨릭 수도자들은 수도 서원을 할 때, 복음 삼덕인 청빈과 정결과 순명을 서약합니다. 그런데 수도승들은 여기에 덧붙여 정주(定住)를 서약하지요. 정주란 이리저리 옮겨다니지 않고 한자리에 머물겠다는 약속입니다. 공동체를 이루어서 함께 살고 거기서 죽고 그 자리에 묻히겠다는 약속이지요. 이런 수도자들을 승(僧)이라고 합니다. 이렇게 한자리에서 함께 수도 생활을 하는 사람들이 승려(僧侶)이지요. 이런 수도승들의 공동체를 불교에서는 승가(僧伽)라고 하지만 가톨릭에서는 그냥 수도승원 혹은 수도원이라고 부릅니다."

도사 앞에서 요령 흔드는 기분이었습니다. 그러나 스님은 눈을 반짝이며 이것저것 물었습니다.

"수도 생활은 어떻게 하나요?"

"몽돌이 될 때까지 그냥 살지요."

스님은 그 말을 금방 알아들었습니다.

"저희들은 스스로를 운수납자(雲水衲子)라고 하며 이리저리 다니면서 수행합니다. 저도 언제 여기를 떠날지 몰라요. 만행(萬行)이 바로 수행이지요. 가톨릭 수도자들은 힘들겠어요. 죽을 때까지 한곳에서 같이 머물려면 좋은 도반을 만나는 것이 제일 큰 복인데…."

"스님들은 구름처럼 물처럼 흘러 다니다 보면 여기저기 부딪치고 깨지고 깎이고 다듬어져서 결국은 몽돌이 되겠군요. 가톨릭 수도승들은 함께 살면서 지지고 볶습니다. 그러다 보면 깨지고 떨어지고 깎이고 상처 주고 받으면서 다듬어지지요. 함께 사는 것이 수행(修行)이지요. 파도치는 바닷가에 모여 있는 돌멩이들과 같습니다. 그들도 언젠가는 몽돌이 되겠지요."

 가톨릭 수도승들의 아버지 성 베네딕도의 '수도규칙'에 이리저리 떠도는 수도승을 지로바구스girovagus라고 하면서 가장 싫어했다는 말은 할 수 없었습니다. 불교의 수도 전통과 가톨릭의 수도 전통이 서로 다르기 때문이지요. 그러나 수도 전통과 수행 방법은 달라도 몽돌이 되는 것은 같다는 생각을 했지요.

 스님이 내미는 사과 두 알을 받아 배낭에 넣고 상왕봉을 향해 걸음을 재촉했습니다.

4. 70세에 입회하신 신부님

 저는 지난 일 년 동안 수정의 성모 트라피스트 수도원에서 안식년을 지냈습니다. 이곳 수도승들과 좀 특별한 인연이 있었고, 저의 사제 생활 25년을 반성하고 정리해야겠다는 생각이었습니다. 그러나 저는 어디까지나 바깥에서 굴러온 돌멩이로 그들의 삶을 구경이나 할 뿐이었지 함께 부딪치면서 자신을 깎는 처지는 아니었습니다.

 일본에는 트라피스트 수도원이 일곱 개나 있습니다. 일본의 가톨릭 교세에 비하면 놀라운 일이지요. 일곱 수도원 중에 두 개가 남자 수도원입니다. 토베츠(當別)의 '등대의 성모 트라피스트 대수도원'은 115년의 역사를 자랑하고 있습니다. 오이타(大分)의 '성모 영보 트라피스트 수도원'은 30년의 역사를 가진 아직 젊은 수도원입니다.

안식년을 지내는 동안 하꼬다테(函館)의 '천사의 성모 트라피스트 수도원'-이 수도원은 '수정의 성모 트라피스트 수도원'을 마산에 진출시켰습니다.-과 위의 두 남자 수도원을 다녀왔습니다.

오이타의 '성모 영보 트라피스트 수도원'에서 그해 71세의 노사제 한 분을 만났습니다. 본래 교구 소속 사제였는데 70세에 시토회에 입회하여 수련 중이셨습니다. 70년 동안 굳을 대로 굳어 버린 자신을 어떻게 깎아 가실지 의문이었습니다만, 그분의 용기와 결단이 감격스러웠습니다.

여기저기 수도원을 다니면서 몽돌 같은 수도승들의 치열한 삶을 보았고, 그들의 아름다운 노랫소리도 들었습니다. 그들의 모습을 부러운 눈으로 바라보면서도 정작 저 자신은 그들 속에 뛰어들 수 없었습니다. 제 스스로를 깎아낼 자신도 없고 용기도 없었기 때문이지요. 몽돌이 되기까지의 아픔을 견딜 수 없을 것 같았습니다.

저는 깎이지 못한 모난 제 모습 그대로 살기로 했습니다. 그리고 교우들에게 이렇게 주의를 줍니다.

"가까이 오면 다치기 쉽습니다. 조금 떨어져 주세요."

06
4박 5일의 행복[7]

1. 인연

꼭 10년 전이다. 1997년 6월 29일부터 7월 3일까지 4박 5일의 단기 출가 여름 수련법회에 참여했던 적이 있었다. 그때 송광사 일주문 앞에는 '짧은 출가, 큰 깨달음'이라는 플래카드가 걸려 있었다. 그해 여름, 나는 내 나름의 각오로 수련법회에 참가했지만 별 소득을 얻을 수는 없었다. 그러나 그 수련법회로 나와 송광사의 인연은 시작되었고, 무엇보다 함께 동참했던 수련 법우들 중에서 진해불일회 회장 김백상심(金白象心) 보살님과의 만남으로 아름다운 인연을 맺게 되었다.

나와 동향이라는 이유도 있지만, 천주교 신부인 나에 대한 호감이었던지 백상심 보살님은 한결같은 사랑과 관심을 보내 주셨다.

---

[7] 이 글은 『송광사』 2007년 9월호(통권 78호)에 실렸던 것이다. 나는 그해 6월 송광사 선수련법회에 참가했었다.

10년 동안 매달 빠짐없이 월간 『송광사(松廣寺)』 - 옛날에는 불일회보(佛日會報)-를 보내 주셨고, 연말이면 송광사에서 발행되는 달력도 보내주셨다.

  나는 『송광사』를 통해서 큰스님들의 법문을 들을 수 있었고, 송광사의 각종 소식들도 접할 수 있었다. 법보시를 통해서 나를 일깨워 주시는 백상심 님의 흰 코끼리 같은 너그럽고 아름다운 마음씨에 언제나 감사하고 있다.

  해마다 『송광사』 6월호에는 여름 수련법회 참가 안내문이 실린다. 안내문을 볼 때마다 지난날 내가 참가했던 수련법회에 대한 아름다운 추억이 되살아나곤 했지만, 처한 사정이 여의치 않아서 다시 참가하지 못했다. 그러나 올해 이순(耳順)을 넘어서는 나는 하늘의 소리를 듣거나 하다못해 내 가슴 속의 작은 소리라도 들으리라는 기대로 선수련법회 참가 신청을 하게 되었다.,

  나는 천주교 사제로 살아가면서 많은 업(業)을 짓고 있다. 그 많은 업 중에서도 입으로 짓는 구업(口業)이 제일 크다. 성직자이기 때문에 피할 수 없는 업이리라. 불가의 스님들은 어떤지 모르겠지만 나는 내가 만나는 신도들을 가르치거나 훈계하려 덤벼들고, 나 스스로도 실천하지 못하는 일을 신도들에게 강요하기도 한다. 스스로를 돌아보면 언제나 부끄럽지만, 신도들 앞에서는 그럴듯한 말로 나를 내세우기도 한다.

　비록 4박 5일의 짧은 일정이지만 묵언 중에 이루어지는 선수련법회를 통해서 내가 쌓은 구업을 조금이라도 소멸시켰으면 하는 바람이 있었다. 송광사와의 인연, 김백상심 보살님과의 인연이 나로 하여금 삼복더위와 마주하면서 가부좌를 틀고 앉아 있게 하였다.

2. 해우소와 수련

　나에게 송광사에서 가장 아름다운 곳을 꼽으라고 하면 서슴없이 해우소(解憂所)를 으뜸으로 친다. 송광사의 중심인 대웅보전도 아름답고, 종고루도 아름답고, 사자루도 아름답지만 해우소에는 못 미친다.

　송광사의 해우소는 이미 이름난 곳이다. 아름답기도 하지만 위생적이고 친환경적이기 때문이다. 그러나 나는 이런 사실 때문에 송광사의 해우소를 좋아하는 것이 아니다.

　해우소 앞 연못에는 갖가지 수초들이 자란다. 그 가운데 붉은 수련(水蓮)이 향기롭다. 원초적인 고뇌를 해결하고 흐르는 물에 손을 씻는 나에게 문득 수련은 '분별심을 버리라' 한다. 해우소 앞에 핀 수련은 선방(禪房)과 해우소가 다르지 않다고 말한다.

　그 후로 나는 해우소에 앉아서 똥 떨어지는 소리를 들으면서 똥 누는 내가 부처라는 사실을 깨닫고 환희심에 몸을 부르르 떨었다. 꼭 선방에 가부좌를 틀고 앉아야만 한 소식을 듣는 것은 아니다. 엉덩이를 까고 해우소에 앉아서 똥 누고 오줌 싸는 중에도 한 소식을 들을 수 있다는 사실에 나는 너무나 기뻤다.

선(禪)에 대해서 설법을 해 주신 신행선원의 영명 스님께서 석가모니 부처님께서 영산(靈山)에서 설법하실 때 말없이 꽃을 들어 염화시중(拈花示衆)하시자 마하가섭이 빙그레 웃었다면서 염화미소(拈花微笑)야말로 깨달은 자의 미소라 했다.

염화미소는 아니지만 나는 해우소에 쪼그리고 앉아 힘을 주며 환희심에 겨워 혼자 낄낄거리며 웃었다. 대웅보전 불전 향연만 향기로운 것이 아니다. 해우소에서 피어오르는 구린내와 지린내도 향기롭다. '색즉시공(色卽是空) 공즉시색(空卽是色)…… 시제법공상(是諸法空相) 불생불멸(不生不滅) 불구부정(不垢不淨)……' 하며 외우는 반야심경이 이토록 뼈져리게 가슴에 와닿기는 처음이다.

승(僧)과 속(俗)이 다르지 않고, 부처와 중생이 다르지 않고, 미(美)와 추(醜)가 다르지 않고 천사와 마구니가 따로 없다고 생각을 하니 삼복더위도 시원하기만 했다.

3. 단무지 조각으로 발우를 닦으며

선수련법회 기간 내내 발우 공양을 하며 현묵 스님으로부터 받은 화두 '이뭣고'를 들고 있었다. 밥 담고, 국 담고, 찬 담고, 물 받은 발우들이 다 무엇인고? 입으로 들어가는 음식들은 또한 무엇인고? 내가 손에 들고 있는 이 수저들은 무엇인고? 발우를 앞에 펼쳐 놓고 이뭣고? 연발하는 나는 또한 뭣인고? 이뭣고, 이뭣고, 이뭣고······. 나 자신이 이제 막 철들면서 끊임없이 물음을 던지는 어린아이가 된 듯했다. 이순의 고개를 넘어가면서 동심의 세계에 빠져드는 이 늙은이 또한 이뭣고?

분별심을 버리니 음식을 담는 발우들이 바로 나요, 입으로 들어가는 음식들이 내 몸의 일부가 되고 살이 되고 에너지의 원천이 된다는 생각을 하니 감사하기 그지없다. 손에 든 수저들이 내 손의 연장이니 소중하기 그지없다. 그러다 보니 공양을 마치고 단무지 조각으로 발우를 닦는 느낌 또한 너무나 각별하다.

단무지로 발우를 닦는 일이야말로 수신(修身)하고 세심(洗心)하는 일이 아니고 무엇인가? 고춧가루 하나만 나와도 퇴수물을 나누어 마셔야 한다는 젊은 지도 법사의 공갈 때문이 아니다. 음식 담았던 발우들이 나 자신인데 어찌 깨끗이 닦지 않을 수 있겠는가? 몸과 마음을 닦고 씻듯이 단무지 조각으로 정성스럽게 발우를 닦고 있는 수련법우들의 모습이 너무도 진지하고 아름다워 부처님을 보는 듯하다. 발우를 닦은 단무지를 씹으면서 하산하더라도 단무지로 발우를 닦듯이 끊임없이 나를 닦고 씻는 삶을 살리라고 다짐한다.

4. 몽둥이, 회초리 그리고 꼬챙이

몽둥이로 맞으면 확철대오(確徹大悟)하여 부처가 될 수 있고, 회초리로 맞으면 참회정진하며 삶을 바꿀 수가 있다. 그러나 꼬챙이로 맞으면 짜증이 나고 반발심도 생긴다.

오늘까지 살아오면서 나는 수없이 많은 몽둥이질을 당하고 회초리를 맞았다. 때로는 꼬챙이에 찔리기도 했다. 몽둥이에 맞으면 헉하고 숨이 막히는 충격을 받는다. 대갈통에 맞으면 눈앞에 별들이 떠다닌다. 이런 사태가 한두 번이 아니었지만 나는 그때마다 왜 나에게 이런 고통이 닥치는지 원망만 하고 눈을 뜨지는 못했다. 삶의 곳곳에 도사리고 있는 회초리들이 나를 후려칠 때도 나는 나의 잘못을 참회하거나 고치려 하기 보다 탓을 남에게 돌리거나 환경을 원망하기만 했다. 어떤 사람들은 작은 꼬챙이를 들고 와서 내 약점과 상처들을 여기저기 찔러대면서 나를 비난하거나 욕하곤 했다. 나는 그때마다 같은 수법으로 그들을 찌르면서 나 자신을 변호하거나 방어하곤 했다.

조금만 더 하심(下心)하면 몽둥이로 맞든, 회초리로 맞든, 꼬챙이로 찔리든 그 모든 것들이 나의 눈을 뜨게 해 주는 좋은 방편이 될 수 있을 터인데, 지금까지 나는 지나치게 두꺼운 갑옷으로 나를 무장하고 방어적인 삶을 살아왔다.

수련 기간 내내 아침마다 예불대참회문을 외우면서 부처님의 명호를 불렀다. 108배를 할 때마다 나는 나 자신에게 절을 하며 내가 명호를 부르는 바로 그 부처가 되리라 다짐했다. 참 나(眞我)는 겹겹이 둘러싸고 있는 허위의식(妄我)들을 벗어 버릴 때 비로소 만날 수 있다. 오라. 몽둥이든 회초리든 꼬챙이든 오라. 참 나를 찾는 방편으로 삼으리라.

 무덥기도 하고 모기도 많고 고생스러웠지만 행복한 4박 5일이었습니다. 삼복더위를 잊고 선수련법회를 이끌어 주신 각안, 성오, 이석 스님 고맙습니다. 선에 대해 아름다운 법문을 들려주신 영명 스님 고맙습니다. 자원봉사자 여러분들 고맙습니다. 모두 부처님 되십시오.

07
이지령 아녜스의 시

  2014년 12월 31일, 나의 사목 생활을 마감하는 은퇴 감사 미사를 교구장 주교님과 교구청의 국장 신부님들, 그리고 함께 일했던 직원들과 함께 봉헌했다. 군포에 계시는 어머니와 동생 가족들 그리고 서울에 살고 계시는 매형(妹兄)도 함께해 주셨다. 은퇴 감사 미사에 함께해 주신 모든 분들에게 감사하고 고마운 마음을 전한다. 40년 사목 생활을 조촐한 감사 미사와 함께 마감할 수 있어서 기뻤다.

  지리산 원묵계에 있는 나의 오두막 앙산재(仰山齋)에 와서 이삿짐들을 정리하다가 1990년 3월 4일 나의 영명 축일에 반송본당에서 받았던 축시 한 편을 발견하게 되었다. 흰 레이스가 달린 노란 천에 펜으로 정성스럽게 쓴 시이다.

  25년의 세월이 흘러서인지 잉크색이 바래 언제 그 글씨들이 사라질지 알 수 없고, 내가 다시 그 노란 천을 어느 망각의 방에 내버려 둘지 알 수 없어서 여기에 옮겨 놓는다.

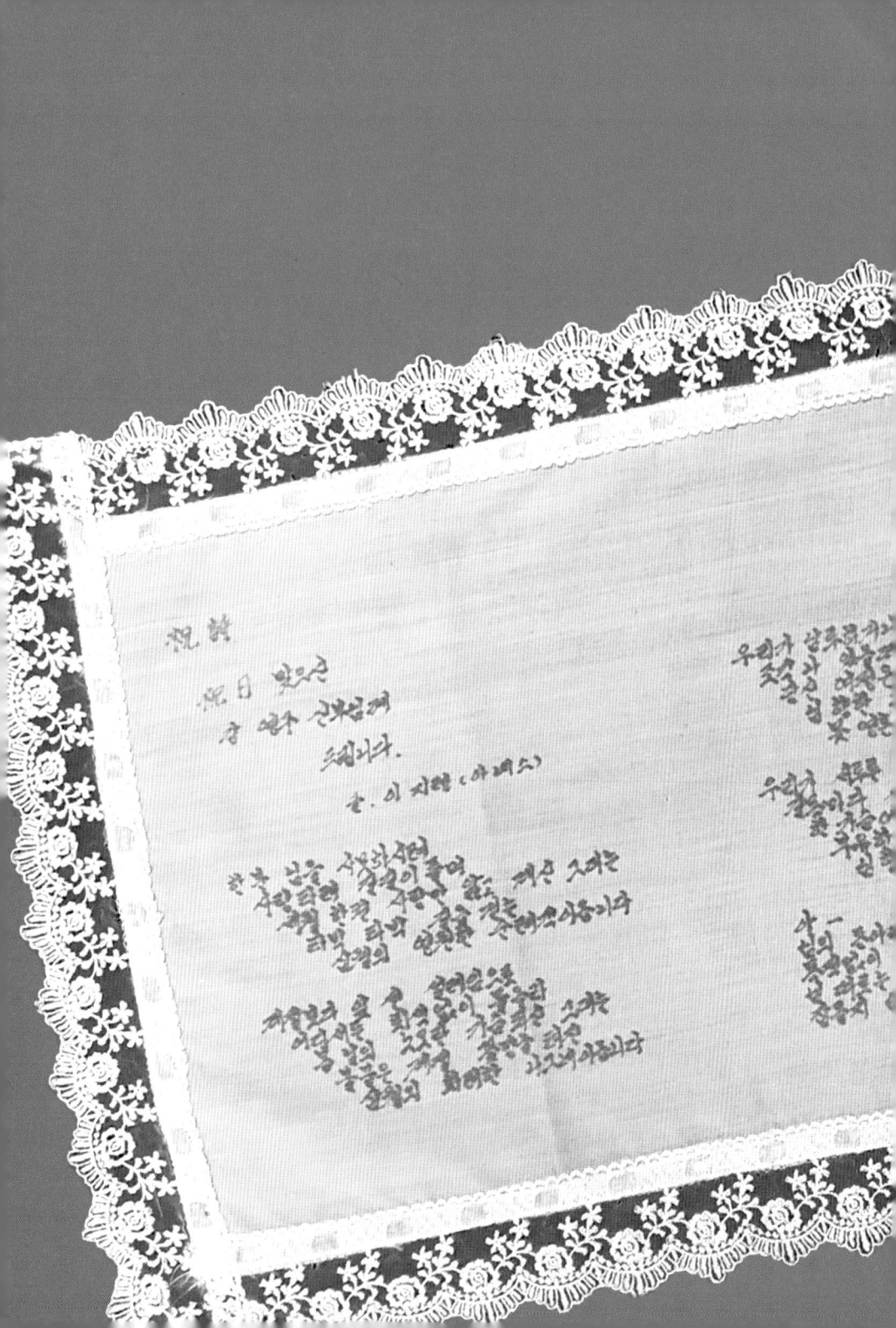

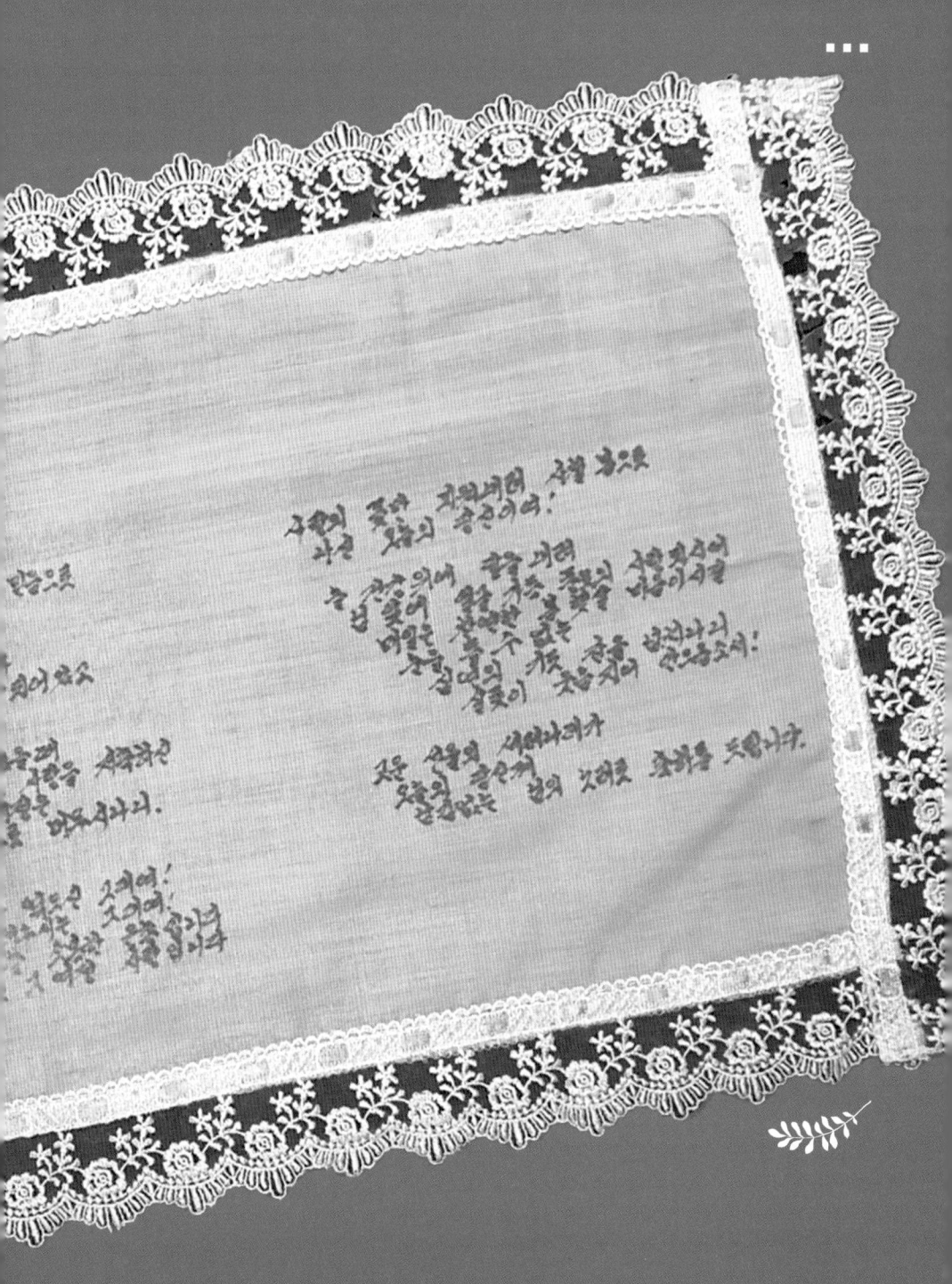

祝詩

祝日 맞으신 강영구 신부님께 드립니다

글 이지령(아네스)

한 분 님을 사모하시려
사랑 타래 길길이 풀며
세월 한껏 사랑만 앓고 계신 그대는
타박타박 길을 걷는
삼월의 영원한 순례객이옵니다.

계절보다 앞선 설레임으로
어디서든 퇴색 없이 물올라
봄날의 노오란 가슴 되신 그대는
불붙은 계절 꽃망울 터진
삼월의 화려한 나그네이옵니다.

우리가 남루하거나 초라한 믿음으로
조각나 있을 때
당신 여정은

님 향한 다리를 놓아
뭇 영혼에게 도움 되어 있고

우리가 서투른 사랑이여
길목마다 서성이고 있을 때
한 가슴에 만 가지 사랑을 저축하신
부유한 그대의 여정은
님 향한 나눔으로 머무시나니

아-
님의 동아리에 魂을 엮으신 그대여!
목적 없이 사랑만 태우시는 그대여!
님 따르는 발걸음 늘 소복한 은총입니다.
잠들지 않은 등불로 그 여정 사랑입니다.

사랑의 꽃만 피워 내려 사철 봄으로
나신 오늘의 당신이여!

늘 건강 위에 닻을 내려
님 앞에 얼굴 가득 풍요의 사랑 되시어
매일은 찬연한 봄 햇살 마음이시길

눈을 뜰 수 없는
심연의 기도 잔을 넘치나니
살풋이 웃음 지어 안으옵소서!

고운 선율의 세레나데가
오늘의 당신께
남김 없는 님의 노래로 축하를 드립니다.

25년의 세월이 흘러 우연히 찾아낸 이 시를 읽으면서 갑자기 이지령 아녜스 자매의 날들이 궁금해진다.

내가 반송성당을 떠나기 전, 창원병원 응급실에 뛰어갔을 때, 자매는 산소 호흡기를 달고 의식불명인 상태로 나를 맞아 주었다. 나는 의식 없는 그녀에게 병자성사를 베풀었고, 다시 일어설 수 있기를 간절히 기도했다. 언제나 또박한 발걸음으로 새벽 미사에 참례했고, 자주 성체 조배를 했던 그녀는 겉으로 보기에 대단히 건강해 보였었다. 그랬던 그녀가 산소 호흡기를 달고 의식불명으로 누워 있는 모습이 믿기지가 않았다.

나는 반송성당을 떠나 창녕본당으로 갔고, 바람결에 그녀의 소식이 들려왔다. 거짓말 같이 일어나서 새 삶을 시작했다고. 그리고 통영으로 이사를 갔다는 것이다.

이후로 나는 까맣게 그녀를 망각의 세계 속으로 떠나보냈다. 가는 곳마다 수많은 교우들을 새롭게 만나 새로운 인연을 맺는 것이 사제의 삶이다. 그리고 그곳 인연에 충실하다가 떠나면 새로운 인연을 맺으면서 기왕(旣往)의 인연들을 잊어버리게 마련이다. 늘 그랬던 것처럼 나는 이지령 아녜스를 까맣게 잊고 있었지만, 그녀가 25년 전에 나를 위해 지었던 한 편의 축시가 그녀를 망각의 세계에서 불러냈다.

아직도 살아 있다면 그녀도 환갑을 넘긴 중년의 할머니가 되어 있겠지. 정말 살아있기나 할까. 만일 그녀가 통영에 살고 있었다면 내가 통영의 태평성당 주임 신부로 있을 때, 한 번쯤 나를 찾아오지 않았을까. 그러나 내가 2년 동안 태평성당에서 사목하고 있었지만 그녀는 나타나지 않았다.

나는 혹시나 해서 마산교구 가톨릭문인회 회원 명단을 훑어보았다. 그의 이름은 보이지 않았다. 그녀가 만일 건강하게 살아 있다면 틀림없이 시인이 되었을 것이고 마산교구 가톨릭문인회 회원이 되었을 터인데 그녀의 흔적은 보이지 않았다.

나는 다시 한 번 축시를 조용히 소리 내어 읽어 본다. 그리고 내가 정말 사랑의 꽃만 피워 내려 사철 봄으로 사는 사제로 살고 있는지 나의 모습을 되돌아본다.

이미 사목 일선을 떠나 깊은 산속에 은거하는 나는 지지 않는 향기를 풍기는 한 송이 꽃이 되고 싶다. 사람들의 눈에 보이지는 않지만 향기 풍기는 꽃이 되고 싶다. 그리고 나의 사계(四季)는 늘 봄이어서 하느님을 향한 꽃을 피우고 향기를 풍기는 사제로 살고 싶다.

08

피정(避靜 retreat, recollectio)
: 하늘과의 만남, 자신과의 만남

　당신은 행복한가? 이런 질문을 받는다면 어떻게 대답하겠는가? 당신은 정말 행복한가? 불행한가? 행복한지 불행한지 생각해 보지도 않고 살고 있는 것은 아닌가?

　그렇다면 다시 질문해 보자. 당신은 왜 사는가? 무엇을 위해서 사는가? 한마디로 대답하기 어렵다고?

　이런 질문은 어떤가? 당신은 누구인가?

　대답이 뻔한, 단순한 질문 같지만, 현대인들은 이런 질문에 쉽게 답하지 못한다. '참 나[眞我]'를 잃고 살고 있기 때문이다. 세상의 온갖 잡다한 것들에 대한 정보와 지식은 다 가지고 있지만, 정작 '나'에 대해서는 무지에 가깝다는 것이 황당하지 않은가?

　지금도 열심히 컴퓨터의 키보드를 두들기며 검색창을 드나들면서 쓰레기 정보들을 뒤지고 있는 사람들이 무수히 많다. 데이터 스모그(data smog) 속에서 참 지혜를 건질 수 없다. 설사 어떤 지식이나 정보를 얻는다 해도 '나'와 무슨 관계가 있는가? 그것들이 나의 행복과 무슨 관계가 있는가? 그것들이 내 인생에 무슨 의미를 주는가?

'참 나'가 없는 곳에는 '거짓 나[妄我]'가 활개를 치게 마련이다. '거짓 나'가 삶의 중심을 차지하고 있는 한 나와 너와의 관계, 나와 사물과의 관계, 나와 자연과의 관계, 나와 하늘과의 관계 또한 허위일 수밖에 없다. 허위로 왜곡된 관계는 공허하다. 현대인들은 이 공허함을 채우기 위해서 바쁘게 돌아다닌다.

돈과 권력, 명예와 지위, 감각적인 향락과 재미가 그 공허함을 채워 줄 수 있기라도 할 듯이 이런 것들을 미친 듯이 추구한다. 그러나 이런 것들이 공허함을 채워 주기는커녕, 나를 더욱 거짓스럽게 만들고 모든 관계를 더욱 왜곡시키고 만다. 돈과 권력, 명예와 지위, 향락과 재미는 나를 겉꾸며 그럴듯하게 만들어 주지만 본래 나의 모습을 찾아 주지 못한다.

우리나라는 OECD 국가 중에서 자살율 1위인 국가다. 남부러울 것 없을 것 같은 재벌 총수도, 최고의 인기를 누리는 연예인들도, 심어지 대통령을 지낸 사람까지도 자살하는 나라다. 무엇이 이들로 하여금 삶을 포기하게 했을까?

'참 나'의 상실과 '거짓 나'에 집착함이라고 말할 수 있다. 돈, 권력, 지위, 명예, 인기, 향락 따위에 집착하면 '참 나'를 잃게 되고 '거짓 나'의 공허함에 빠지게 된다. 공허함 속에서의 삶은 아무 의미가 없다.

  종교나 신앙은 참나를 찾게 해준다. 열심히 성당이나 예배당을 드나들고 광적인 신앙 생활을 한다 해도 출세의 길은 열리지 않는다. 아무리 열심히 기도해도 하늘에서 돈비가 내리는 법이 없고 로또에 당첨되는 일도 없다. 신앙 생활을 통해서 몸짱이나 얼짱이 된 사람이 있는가? 그렇다면 신앙 생활을 통해서 얻고자 하는 것이 무엇인가? 신앙 생활은 '참 나 찾기'이다.

  가톨릭 신앙 생활의 중요한 부분 중의 하나가 피정(避靜)이다. 피정은 '피세추정(避世追靜)' 또는 '피세정념(避世靜念)'의 준말이다. 피세추정이란 혼탁하고 복잡한 세상을 피해(避世) 고요하고 맑은 곳을 찾아간다(追靜)는 의미이다. 피세정념은 시끄럽고 혼탁한 세상을 떠나서(避世) 고요하고 맑은 마음(靜念)을 되찾는다는 뜻이다.
  영어로는 피정을 'retreat'이라고 한다. re-treat이란 '다시 다루다', '다시 여기다', '다시 치료하다'라는 의미를 가지고 있다. 동시에 retreat은 '물러나다', '은퇴하다', '은둔(隱遁)하다'라는 의미도 지니고 있다. 라틴어로는 'recollectio'라고 하는데, recolligere라는 동사에서 온 명사이다. recolligere란 '다시 모으다', '다시 잡다', '회복하다'라는 의미를 가지고 있다.
  피정(避靜 retreat recollectio)이라는 단어가 의미하듯이, 가톨릭 신앙인들은 가끔 일상의 분주함을 떠나서 수도원이나 피정집으로 물러가서 피정을 한다. 개인 피정을 하기도 하고 단체 피정을 하기도 한다. 피정을 통해서 분주하고 복잡한 일상 속에서 상실했던 '참 나'를 찾기 위함이다.

'참 나'를 찾기 위해서는 정직한 눈으로 나를 바라보아야 한다. 욕망으로 이글거리는 눈으로, 온갖 번뇌(煩惱) 망상(妄想)으로 흐려진 눈으로, 미움과 증오로 사팔뜨기가 된 눈으로는 나를 바르게 볼 수 없다. 정직하게 나를 바라보기 위해서는 고요함과 침묵은 필수적이다.

'참 나'를 찾기 위해서는 하늘과 대면할 수밖에 없다. 발가벗고 거울 앞에 서면 내 모습을 볼 수 있듯이, 하느님과 대면하면 내 모습을 볼 수 있다. 짙게 화장하고, 갖가지 장신구와 명품 의상으로 치장하고 거울 앞에 서서 본래 나의 모습을 볼 수 있겠는가? 하느님 앞에 설 때에도 지위, 명예, 재산, 학식 따위의 껍데기를 벗어던져야 한다. 그때 비로소 '참 나'를 볼 수 있고 찾을 수 있다. 하느님 앞에서 진솔(眞率)한 사람만 진정한 기도도 할 수 있다.

피정은 정직하게 나와 대면하기이며, 발가벗고 하느님 만나기이다. 그리고 '참 나 찾기'이다.

분주함과 소란함 가운데서 하늘의 소리를 들을 수 없고, 가슴 깊은 곳에서 들려오는 내면의 소리를 들을 수 없다. 욕망으로 부글거리는 가슴으로는 진정한 관계를 맺을 수 없고 참 사랑을 나눌 수도 없다. 지위, 명예, 지식, 정보, 외모, 인기 따위는 너와 나의 진정한 만남을 가로막는 장애가 되기도 한다.

가끔 한적하고 고요한 장소로 물러가서 하늘을 바라보라. 삶이 달라질 것이다. 이것이 피정이다.

09
순명(順命, oboedientia)

1. 순명의 의미

순명(順命)을 라틴어로 'oboedientia'라고 한다. 'oboedientia'는 동사 'oboedire 순명하다'에서 왔는데, oboedire는 접두사 ob과 동사 audire가 합쳐진 말이다. 접두사 'ob'은 '두루', '앞에', '둘레에', '곁에' 따위의 의미를 지니고 있고, 'audire'는 '듣다', '경청하다', '귀를 기울이다'라는 동사이다. 그러니까 '순명(順命)하다'라는 뜻의 라틴어 동사 oboedire는 '귀를 기울여 경청하고 그 말씀에 순종하다'라는 의미를 가지고 있다.

순명(順命)에는 귀를 기울여 경청함이 먼저이다. 그리고 그 말씀을 가슴 깊이 받아들이고 간직하면서 말씀에 따라서 살아가는 것을 순명(順命oboedientia)이라고 한다.

모든 종교는 순명(順命)을 전제(前提)하고 있다. 계시(啓示) 종교인 그리스도교와 이슬람은 하늘의 소리를 듣고 그 소리에 순명한 사람들로부터 시작된 종교이다. 그리스도교는 나자렛 사람 예수를 통해서 선포된 하느님의 말씀을 듣고 그 말씀을 따르는 사람들의 종교이다. 이슬람(Islam)은 '순종, 복종'을 의미한다. 예언자 무함마드를 통해서 선포된 하느님(알라)의 말씀을 듣고 하느님의 뜻과 의지에 전적으로 헌신하고 복종하는 사람들의 종교가 이슬람이다. 무슬림은 하느님의 말씀에 복종하는 사람들을 가리킨다.

한자말 '순명(順命)'도 라틴어 oboedientia 못지않은 깊은 뜻을 지니고 있다. 한자말 순(順)은 '순하다, 도리를 따르다, 좇다, 거스르지 않다' 따위의 의미를 지닌다. 명(命)은 '목숨, 운수, 명령' 즉 하늘의 뜻과 의지를 나타내는 말이다. 그러니까 한자말 순명(順命)은 하늘의 명령에 귀를 기울이고 그 명령을 따른다는 의미를 지니고 있다. 동양에서 주역(周易)을 중요하게 여기는 이유가 여기에 있다.

주역(周易)은 우주 자연 만물의 변화의 원리인 음양오행(陰陽五行) 사상을 집약하여 담고 있는 최고의 철학서이다. 주역은 모든 학문의 근본이고 기초이며 귀결이다. 주역(周易)을 통해서 하늘의 뜻[天命]을 알 수 있고, 천명을 따르는 것을 순명(順命)이라고 한다.

순천자존(順天者存) 역천자망(逆天者亡), 즉 하늘의 소리에 귀를 기울이고 하늘의 뜻을 따르는 자는 흥하고, 자기의 욕망과 이익에 사로잡혀 자기를 고집하고 주장하며 내세우느라 하늘의 소리를 외면하고 하늘의 뜻을 거역하는 자는 망한다고 가르치고 있다.

동서고금(東西古今)을 막론하고 순명(順命)은 모든 종교의 핵심(核心) 담론이다. 순명(順命)하지 않는 사람은 신앙인이 될 수 없다.

2. 순명(順命)하는 사람, 마리아와 예수

그리스도교는 신구약(新舊約) 73권의 성경(聖經)을 가지고 있다. 성경 내용을 한마디로 요약하자면, 하늘의 소리[天命]에 귀를 기울이고(oboedire), 그 소리에 순명(順命 oboedientia)한 사람들의 이야기라고 할 수 있다. 여기서는 특별히 예수의 어머니 마리아와 아들 예수, 두 사람에게 주목하고자 한다.

예수의 어머니 마리아는 마태오 복음과 루카 복음의 예수의 유년기 사화에 주로 등장한다. 마리아는 침묵(沈黙)의 여인이다. 마리아의 침묵은 경청(敬聽 oboedire)하기 위한 조건이다. 자기를 주장하고 내세우는 사람은 말이 많고 시끄럽다. 당연히 이런 사람은 하늘의 소리를 들을 수 없다.

침묵의 여인 마리아는 하늘의 소리를 듣고 이렇게 대답한다. "보십시오. 저는 주님의 종입니다. 말씀하신 대로 저에게 이루어지기를 바랍니다."(루카 1,38) 또한 마리아는 자신에게 일어나는 사건들을 가슴에 새겨 간직한다.(루카 2,19.52) 마리아의 침묵과 새김은 순명의 모본(模本)이다. 철저히 순명하는 여인 마리아를 통해서 말씀이신 예수(요한 1,14)가 태어나고, 새로운 구원의 시대가 열린다.

　마리아의 아들 예수도 순명(順命)하는 사람이다. 공관복음과 요한 복음은 나자렛 사람 예수가 어떻게 하느님의 소리에 귀를 기울이고 순명의 삶을 살았는지 기록하고 있다. 예수의 출가(出家), 세례(洗禮), 제자 선발과 파견, 가난한 사람들과 병자들, 버림받은 사람들과의 동고동락(同苦同樂), 하느님 나라의 기쁜 소식의 선포 등은 모두 하느님의 소리를 경청하고 그 말씀에 순종하는 예수의 삶의 모습이다.

　예수의 결정적인 순명은 십자가의 죽음이다. "제 뜻이 아니라 아버지의 뜻이 이루어지게 하십시오."(루카 22,42) 예수는 하느님의 부르심에 이렇게 응답하고 죽음의 언덕을 오른다. 예수의 순명(順命)인 십자가의 죽음은 모든 것을 뒤집어 놓는다[顚倒]. 그 뒤집어짐을 우리는 파스카(Pascha 과월 過越)라고 한다.

3. 워낭 소리

　최근에 순명(順命)이 무엇인지 극명(克明)하게 보여 주는 영화 한 편을 본 적이 있다.

　'워낭 소리'. 봉화 산골의 늙은 농군 부부(夫婦)와 40년 가까이 살다가 늙어 죽는 소(牛) 한 마리 이야기이다. 노상 입으로는 투덜대면서도 운명을 거부하지 않고 받아들이는 할머니, 농사를 짓고 일을 하지 않으면 죽는 줄 아는 할아버지, 노부부 곁에서 일만 하다가 늙어서 죽은 소. 그들 셋은 모두 천명(天命 하늘의 뜻, 하느님의 소리)에 귀를 기울이고, 하늘의 뜻을 따라서 살아가는, 그리고 하늘의 뜻을 현실 가운데서 구체화는 존재들이다. 눈물겹도록 우직(愚直)한 노부부와 소의 삶을 한마디로 순명(順命)이라고 정의할 수밖에 없다. 이렇게 순명하는 사람을 성인(聖人), 즉 거룩한 사람이라고 한다.

10
잠언(箴言)을 읽자!

　성서를 펼쳐 들면 그 속에 길이 보인다. 그래서 그리스도교인들은 늘 성서를 가까이에 두고 성서를 읽는다.
　어떤 사람들은 성서가 어렵다고 말한다. 그러나 성서가 어렵다고 생각하는 사람들에게는 어려운 책이지만, 실제로는 쉬운 책이다.
　만일 성서를 전문적으로 공부한 사람들이나 상당한 지식 수준을 지닌 사람들만 성서 말씀을 알아들을 수 있다면, 성서의 가치는 없다.
　왜냐하면 하느님의 말씀은 지식 수준과는 관계없이 누구든지 쉽게 알아들을 수 있어야 하고, 쉽게 실천할 수 있어야 하기 때문이다. 그리고 사람이라면 그 누구도 구원의 길에서 제외되어서는 안 되기 때문이다.
　만일 성서가 지식인들만이 알아들을 수 있는 어려운 책이라고 한다면, 하늘나라에는 지식인들만 들어가게 될 것이다. 그러나 사실 하늘나라에는 지식인들이 아니라 하느님의 말씀을 듣고 그 말씀을 실천하는 사람들이 들어가는 곳이다.

따라서 성서는 누구나 알아들을 수 있는 쉬운 책일 뿐 아니라, 성서 속에는 구원의 길, 생명의 길, 진리의 길이 있다.

중요한 것은 우리가 얼마나 열린 가슴으로 성서를 읽느냐 하는 것이다. 어린아이와 같은 단순함과 겸손함으로 성서를 읽으면 성서의 말씀은 생명의 말씀이 되어서 살아 움직이게 된다. 그리고 성서를 읽는 사람 앞에 환한 생명의 길을 열어 준다.

그러나 성서를 단순한 호기심의 충족이나 지식을 쌓기 위해서 읽게 되면 성서 말씀은 죽은 말씀이 되어 버리고 만다.

성서에 대한 지식을 아무리 많이 쌓는다 한들 그 지식이 나에게 구원을 주지 못한다면, 무슨 소용이 있겠는가? 생명이 없는 말라 비틀어진 지식보다는 삶의 길을 열어 주는 살아 있는 말씀이 더 중요하다. 누구든지 성서를 가까이에 두고 열린 가슴으로 읽기만 하면 된다.

성서 중에는 '잠언(箴言)'이라는 구약 성경이 있다. '다윗의 아들, 이스라엘 왕 솔로몬의 금언집'이라는 구약 성경이다.

동양에도 많은 잠언집(箴言集)들이 있다. 예를 들면 『채근담(菜根譚)』이나 『명심보감(明心寶鑑)』 같은 것들인데, 짤막하지만 삶의 지혜를 주는 현인들의 가르침을 모아 놓은 책들이다.

구약 성경의 '잠언(箴言)'은 동양의 『명심보감』 비슷하다. 일상

생활 속에서 어떻게 말하고 행동하며 처신할 것인가를 가르치는 성경이다.

'잠언(箴言)'은 이렇게 시작한다. "이것은 사람을 교육하여 지혜를 깨치게 하고 슬기로운 가르침을 깨닫게 하려는 것이요, 교육으로 사람을 깨우쳐 무엇이 옳고 바르며 떳떳한지 헤아리게 하려는 것이다."(잠언 1,2-3)

한자말로 된 어려운 동양 고전을 읽지 않더라도 그리스도인들은 『명심보감』이나 『채근담』보다 더 훌륭한 잠언(箴言)을 가지고 있으니 얼마나 복된 일인가?

구약 성경 잠언(箴言)은 31장으로 구성되어 있다. 하루에 1장씩 읽으면 한 달 동안 읽을 수 있다.

하루에 1장씩 읽고 그 말씀들을 가슴에 새기고 산다면, 하루하루의 삶이 참으로 은총으로 충만하게 될 것이다.

잠언 중의 몇 구절을 들어보자.

"재산을 쌓아 놓고 다투며 사는 것보다, 가난해도 야훼를 경외하며 사는 것이 낫다. 서로 미워하며 살진 쇠고기를 먹는 것보다, 서로 사랑하며 채소를 먹는 것이 낫다."(잠언 15,16-17)

"봄철에 밭갈이 않는 게으름뱅이는 가을이 되어 아무리 찾아도 거둘 것이 없다."(잠언 20,4)

"이웃 사촌이 먼 동기보다 낫다."(잠언 27,10)

잠언을 읽자!

11
술 취한 예수, 사기꾼 예수

평생 동안 우리는 얼마나 많은 사람들을 만나게 될까? 인생살이란 사람과 사람이 만나서 이루어지는 것이다.

나는 가끔 내가 천주교 신부가 아니었더라면 좋았을 것이라는 생각을 한다. 왜냐하면 어떤 경우에 나는 내가 만나기 싫은 사람을 만나면서도 싫은 내색을 할 수 없기 때문이다. 무관심하거나 매정하게 외면할 수도 있고, 때로는 모른 척해도 그만일 사람들을 신부라는 이유, 아니 예수를 믿는다는 이유 한가지 때문에 외면하지 못하는 경우가 많다.

이런 일이 있었다. 사무실에서 사무원이 급히 인터폰을 했다. 사무실에 이상한 사람이 와 있으니 내려와 보라는 것이었다. 내려가서 보니 얼마나 술을 많이 마셨는지 제대로 몸을 가누지도 못하는 사람이 윗옷을 벗고 의자에 앉아 있었다. 다리와 팔, 그리고 얼굴에는 찰과상이 나 있고 상처에서는 피가 흐르고 있었다.

그가 입을 열 때마다 술냄새가 진동했다. 사정없이 밖으로 쫓아 내려고 했지만, 갑자기 "이 사람이 예수일지도 모른다"는 생각이 들었다.

"누구든지 나를 받아들이듯이 이런 어린이 하나를 받아들이는 사람은 곧 나를 받아들이는 사람이다."(마태 18,5)

이럴 때는 성경 말씀이 생각나지 않으면 좋으련만, 하필 이런 때 이런 성경 말씀이 생각나서 술 취한 사람을 내쫓지 못하고 응접실로 데리고 들어갔다. 그리고 소파에 누이고 술이 깰 때까지 좀 자는 것이 좋겠다고 말했다. 그리고 상처에는 약을 발라 주었다. 그러면서도 나는 속으로 '내가 무슨 착한 사마리아 사람이라도 된다는 말인가?'라고 반문하면서 끓어오르는 울화를 삼키고 있었다.

속으로는 화가 났지만 예수를 믿는다는 이유 때문에, 그가 혹시 예수일지도 모른다는 생각 때문에 화를 삼키면서 그를 대접하고 있었다.

이런 경험이 한두 번이 아니다. 시골 본당에서 사목하고 있을 때이다. 장날만 되면 여러 사람들이 성당으로 찾아와서 도와 달라고 했다. 거절할 수도 없고 매정하게 내쫓을 수도 없어서 한가지 꾀를 냈다. 삽, 호미, 낫 등 작업 도구를 갖추어 놓고 도움을 청하는 사람이 올 때마다 일을 시켰다.

"세상에 공짜는 없습니다. 도움을 주고 싶지만 그냥 도와주지는 않습니다. 도움을 받을 만큼 일을 하시면 수고비를 드리겠습니다."

그리고 삽, 호미, 낫 따위를 내주고 성당 마당을 고른다거나, 풀을 뽑는다거나, 혹은 밭을 일구게 했다. 일을 시켜 놓고 한참 후에 나가보면 십중팔구는 작업 도구를 내팽개쳐 놓고 도망가 버리고 없다.

그러나 어떤 사람은 정말 열심히 땀을 뻘뻘 흘리면서 일을 하기도 한다. 나는 그런 사람에게 밥도 주고, 돈도 주고, 사정 이야기도 들어주기도 했다.

그러나 대부분의 사람들은 멀쩡한 사지를 가지고 무작정 도움만 받고자 하지 일을 하려고 하지는 않는다.

나는 사기도 많이 당했다. 신부가 아니었다면 당하지 않아도 좋을 사기를, 그것도 사기를 당한다는 생각을 하면서도 사기를 당했다. 옷차림도 그럴듯하고 허우대도 멀쩡한 젊은 사람이 사제관으로 찾아와서 도움을 청하는 경우가 한두 번이 아니었다. 대체로 차비가 떨어졌다던지, 혹은 도망친 마누라를 찾으러 전국을 돌아다니다가 여기까지 왔는데 돈이 떨어져서 오도 가도 못하고 몇 끼를 굶기조차 했는데 도움을 달라는 식이다.

하기는 저렇게 옷도 잘 차려입고 허우대도 멀쩡한 젊은이가 구걸을 할 수도 없고 구걸을 한다고 해도 아무도 도와주지 않을 텐데, 오죽하면 성당에 신부를 찾아왔겠는가 싶어서 거절하지 못하고 요구하는 돈을 주게 된다. 고향에 가면 틀림없이 갚아 드리겠다면서 성당의 주소와 전화번호까지 적어 가지고 간다.

그러나 나는 지금까지 도움을 받고 떠나간 사람으로부터 한 번도 고맙다고 회신을 받아본 적이 없다. 그러니 늘 사기를 당하는 줄 알면서도 혹시 저 사기꾼이 예수일지도 모른다는 생각 때문에 어쩌지 못하고 사기를 당한다.

불가에서는 육바라밀-보리심을 발하여 부처가 될 수 있는 여섯 가지의 길: 보시, 지계, 인욕, 선정, 정진, 지혜-중에서 보시를 제일로 친다. 성서적인 용어로 말하자면 자선이다.

예수께서는 이렇게 가르치셨다. "자선을 베풀 때에는 오른손이 하는 일을 왼손이 모르게 하여 그 자선을 숨겨 두어라"(마태 6,3)

내가 가진 것이 나의 것이 아니고 하느님의 것이며, 하느님께서 잠시 나에게 그것들을 맡겨 주셨을 뿐이라고 깨달았을 때, 비로소 나는 그 어떤 대가도 바라지 않고 자선을 베풀 수가 있다. 그리고 도움을 청하는 사람이 바로 예수라는 사실을 깨달았을 때 기쁜 마음으로 무엇이든지 줄 수 있다. 예수께서도 최후의 심판 때에는 이렇게 판결할 것이라고 말씀하시지 않았던가?

"분명히 말한다. 너희가 여기 있는 형제 중에서 가장 보잘것

없는 사람 하나에게 해 준 것이 바로 나에게 해 준 것이다."(마태 25,40)

불가에서 말하는 보시나 성경에서 말하는 자선이 다 같은 가르침인데, 불가에서는 보시를 할 때에 언제 어디서 누구에게 무엇을 얼마나 베풀었는지 모두 잊어 버릴 것을 요구한다. 참 보시는 주는 것으로 끝나야 한다는 가르침이다. 이런 보시를 일컬어 '무주상보시(無住相布施)'라고 한다.

무엇을 베풀고 "내가 언제 어디서 누구에게 얼마를 주었는데……."라고 생각하고 있는 것 자체가 벌써 그 어떤 보상이나 대가를 기대하고 있다는 표시다. 이렇게 그 어떤 보상이나 대가를 기대하면 자선은 이미 자선이 아니며, 보시는 이미 보시가 아니다.

술 취한 예수, 사기꾼 예수를 화를 내면서 도와주는 것도 공덕이 될까? 잘 모르겠다.

12

몇 편의 강론들

나는 은퇴하기 직전 교구 총대리 직무를 수행했다. 교구청에서는 매주 월요일 모든 교구청 가족들과 함께 미사를 봉헌하고 업무를 시작했다. 미사 주례는 교구청 근무 사제들이 차례를 정해서 담당했다.
여기 실은 몇 편의 강론 글들은 나의 미사 주례 차례가 왔을 때 했던 강론들이다.

강론 01
사랑하는 사람들의 이야기

　오늘 우리는 성녀 마리아 막달레나 기념일을 지냅니다. 복음서는 마리아 막달레나에 대한 제한적인 정보만 제공합니다. 루카 8,2에는 일곱 마귀가 들렸던 여인이라고 말합니다. 일곱 마귀가 들렸었다는 의미가 무엇인지 정확히 알 수 없지만, 전통적으로 마리아 막달레나는 창녀였던 것으로 알려지고 있습니다.

　그리고 공관복음은 물론 요한 복음서도 마리아 막달레나는 십자가 아래에서 예수님의 최후의 순간을 지켜보았던 여인이자, 부활하신 예수님을 최초로 만났던 부활의 증인으로 기록하고 있습니다.

　복음서는 마리아 막달레나가 어떤 여인이었는지 관심이 없습니다. 다만 복음서들은 예수님이 한 여인을 사랑했었다는 사실과 그 여인도 예수님을 진정으로 사랑했었다는 사실에 대해서 관심을 가집니다.

　사랑은 죽음보다 강한 힘입니다. 마리아 막달레나가 십자가 아래에서 예수님과 최후의 순간을 함께할 수 있었던 것은 예수님을 사랑하고 있었기 때문입니다. 마리아는 단순히 예수님의 죽음을 지켜보기만 한 것이 아니라, 예수님의 죽음에 동참하고 그 고통을 함께 나누었습니다.

　십자가에 매달린 예수님도, 십자가 아래에서 사랑하는 사람이 자신의 죽음을 지켜보고 있고, 단말마(斷末魔)의 고통을 나누고 있다는 사실을 알고 있었기 때문에 고스란히 치욕적이고 극단적인 고통을 받아들이고 죽음의 세계로 건너갈 수 있었습니다.

　아무도 죽음을 피해 갈 수 없습니다. 우리도 인생의 마지막 순간에 사랑하는 사람의 손을 잡고 죽을 수 있다면 그보다 큰 행복은 없을 것입니다. 자살이나 고독사가 불행하고 비참한 죽음인 이유는 거기 아무도 사랑하는 사람이 없기 때문입니다.

　죽음은 단순히 육체적인 목숨이 끝나는 순간을 말하는 것이 아닙니다. 죽음은 삶의 정점입니다. 죽음은 자신의 인생을 정리하고 마무리하는 순간입니다. 그 순간에 아무도 사랑하지 못하고 누구로부터도 사랑받지 못한다면 그 인생은 실패한 인생입니다.

　예수님의 십자가 죽음이 처참하긴 했지만, 결코 불행한 죽음이 아니라는 사실을 알게 됩니다. 예수님은 사랑하는 사람들이 지켜보는 가운데 죽음의 순간을 맞이합니다.

　부활하신 예수님께서 마리아 막달레나에게 최초로 나타나신 까닭도 예수님이 마리아를 사랑하고 있었기 때문입니다. 여기에 무슨 고상한 신학적인 의미나 신앙적인 의미 따위를 부여해야 할 이유가 없습니다. 사랑하면 만나고 싶고, 있는 그대로의 자기 모습을 보여 주고 싶은 법입니다.

마리아가 무덤을 찾아갔던 것도, 예수님께서 부활하실 것이라는 믿음이 있어서가 아니라, 단순히 사랑하는 사람을 보고 싶었기 때문입니다. 시신만이라도 볼 수 있었으면 하는 바람이었지만, 마리아는 새로운 생명으로 부활하신 예수님을 만납니다. 마리아는 그래서 부활의 목격자, 부활의 증인이 됩니다. 사랑하는 사람만 부활의 증인이 됩니다.

마리아 막달레나가 어떤 삶을 살았는지 우리는 모릅니다. 그러나 분명한 것은 마리아 막달레나는 사랑하는 여인이고, 사랑받는 여인입니다. 예수님이 십자가를 향해 흔들림 없는 발길을 옮길 수 있었던 것도 마리아가 사랑하는 눈길로 그 발걸음을 지켜보고 있었기 때문입니다. 사랑은 죽음을 향한 발걸음마저도 흔들리지 않도록 지켜 줍니다.

우리는 오늘 새로운 한 주간을 시작합니다. 이 한 주간이 예수님을 사랑하는 시간, 예수님으로부터 사랑받는 시간이 되기를 바랍니다. 무엇보다 우리가 사랑의 눈길로 서로를 바라봄으로써 흔들림 없는 발걸음을 옮기는 한 주간이 되기를 바랍니다.

강론 02
백인대장의 고백

먼저 내일 영명일을 맞으시는 주교님께 축하의 인사를 드립니다. 하느님께서 자비의 손길로 주교님을 감싸 주셔서 건강과 기쁨 가운데 교구 사목의 소명을 다하실 수 있기를 기도합니다. 교구청에서 함께 생활하고 일하는 저희 모두는 주교님께서 기쁘게 사목하실 수 있도록 열과 성을 다해 도움을 드리기로 다짐합니다.

오늘 로마 백인대장은 예수님께 이렇게 고백합니다. "주님, 저는 주님을 제 지붕 아래로 모실 자격이 없습니다. 그저 한 말씀만 해 주십시오. 그러면 제 종이 나을 것입니다."(마태 8,8)

백인대장의 고백은 오늘 우리들의 고백이 되어서, 우리는 매 미사 때마다 영성체 전에 이렇게 고백합니다. "주님, 제 안에 주님을 모시기에 합당치 않사오나 한 말씀만 하소서. 제가 곧 나으리이다."

요즘 우리 사회의 시대 풍조-흔히 트렌드(trend)라고 하는데-는 '힐링'입니다. 그만큼 오늘 우리들의 삶이 각박할 뿐 아니라, 상처를 많이 받는 생활을 하고 있다는 뜻입니다. 상처를 많이 받는다는 것은 뒤집어 말하면 상처를 많이 준다는 의미이기도 하지요.

지금 우리는 그 어느 때보다도 풍요롭고 편리한 시절을 살아가고 있습니다. 앞으로는 더욱더 풍요롭고 편리한 삶을 살아갈 것이 분명합니다. 손가락만 까딱하면 모든 것이 해결되는 디지털 시대, 스마트 시대에 살고 있습니다.

그러나 곰곰이 따져 보면 디지털, 스마트 시대는 사실상 가장 비정하고, 차갑고, 비인간적인 시대라고 말할 수 있습니다. 그렇기 때문에 더 쉽게 더 많이 상처 주고받는 생활을 합니다.

사람과 사람 사이에 따뜻한 정이 오가는 것이 아니라, 감정도 생명도 온기도 없는 0과 1이라는 기호만 오갈 뿐입니다. 디지털 신호인 0과 1 안에는 금전 돈이라는 악마적인 힘이 함께 묻어 있습니다. 그렇다 보니 디지털 신호 0과 1은 인간의 탐욕을 충족시켜 주는 도구로 전락합니다. 피싱 사건도 그래서 일어납니다.

지금 우리나라를 뒤집어 놓고 있는 국정원 댓글 사건도 따지고 보면 디지털 신호 0과 1의 사건입니다. 거의 1년 전의 댓글 사건을 지금 끄집어내어 서로 치고받는 것은 디지털 신호 0과 1에 새삼스럽게 의미를 부여하기 때문입니다. 거기에는 상대에 대한 증오가 묻어 있습니다.

지구 반대편에서 일어나는 사건을 실시간으로 접하면서도 마치 영화 속의 한 장면을 보는 듯, 비정하고 무관심한 눈으로 그 사건을 바라봅니다. 드론이라는 무인기를 조종하는 군인들은 컴퓨터 화면을 보고 게임을 하듯이 마우스를 클릭합니다. 그 순간 지구 반대편에서는 수많은 사람들이 폭탄 세례를 받고 죽어 갑니다.

0과 1이라는 허구의 신호 때문에 사람들은 더 많이 상처 주고받고, 0과 1의 신호로 사기를 치거나 사기를 당하고, 수많은 사람들의 입에 오르내리거나, 심지어 목숨을 끊거나 잃기까지 합니다. 이것이 우리들의 현실입니다.

첨단 IT기술이 인간 자체를 발전시키거나 인간의 한계를 뛰어넘게 할 수는 없습니다. IT기술이 아무리 발달해도, 물질적으로 아무리 풍요롭게 산다고 해도 인간은 인간일 뿐 천사가 되지 못합니다.

우리는 지금 스마트 시대에 살고 있습니다. 스마트(smart)라는 말은 똘똘하고 경쾌하고 말쑥하고 날렵하다는 뜻입니다. 스마트라는 말은 지혜롭거나 똑똑하다는 말과는 어울리지 않습니다. 똘똘하다는 말과 어울립니다. 스마트한 인간은 똘똘한 인간은 될 수 있을지언정 지혜롭거나 현명한 인간은 되지 못합니다.

스마트 시대에 사는 인간은 스마트한 기계를 사용할 뿐이지 인간 자체는 스마트하게 되지 않습니다. 체온이 있고 피가 흐르고 감정에 휘둘리고 이성으로 판단하고 의지로 행동하는 인간은 그냥 인간일 뿐입니다. 오히려 스마트 시대이기 때문에 생로병사의 근원적인 고뇌는 더 깊어지고 더 많은 상처를 주고받습니다.

그래서 요즘 시대의 흐름 트렌드는 힐링(healing)입니다. 그렇다면 힐링도 디지털로 스마트하게 할 수 있습니까. 힐링 즉 치유는 스마트와는 거리가 멉니다.

오늘 예수님은 백인대장의 종을 일으켜 세웁니다. 그러나 사실은 종이 치유 받은 것이 아니라 백인대장 스스로가 치유를 받고 일어섭니다. 백인대장은 권력을 쥐고 있고 힘이 있는 사람입니다. 그럼에도 불구하고 그는 중풍으로 고통당하는 종을 위해서는 아무것도 해 줄 수 없는 무능과 무력함을 절감합니다. 그리고 떠돌이 랍비 예수님께 믿음으로 다가갑니다. 그는 종을 위해서 아무것도 할 수 없는 무능한 사람이지만, 종의 고통에 무관심한 비정한 상전이 아니라 함께 아파하는 자비지심(慈悲之心)을 가진 따뜻한 사람입니다.

예수님은 믿음과 사랑으로 다가오는 백인대장을 치유하고 그의 종도 일으켜 세웁니다. 요즘 사람들은 IT기술로 무장하고 스마트하게 살려고 합니다. 그러나 거기에는 구원도 없고 따뜻함도 없고 참 기쁨도 없고 행복도 없습니다. 오직 편리함만 있습니다.

인간은 믿음과 사랑으로 힐링 즉 치유 받고 구원을 받습니다.

새롭게 시작하는 이 한 주간이 이웃에 대한 따뜻한 관심과 스승 예수님께 대한 믿음으로 행복한 시간, 힐링의 시간, 예수님을 주님으로 모시는 시간이 되기를 기도합니다.

강론 03
예수님의 제자가 되는 길

　우리는 자본 중심의 사회에서 살고 있습니다. 자연스럽게 돈이 우리들의 가장 큰 관심사가 될 수밖에 없습니다. 돈이 없으면 현실적으로 아무것도 할 수 없습니다. 그렇다고 돈이 모든 것이 될 수는 없습니다.

　삼성그룹 회장 이건희는 지금 거의 식물인간인 상태로 병원에 누워 있습니다. 만일 돈으로 모든 문제를 해결할 수 있다면, 그는 지금 건강한 모습으로 삼성그룹을 이끌고 있어야 합니다. 그렇지만 그는 산더미 같이 돈을 쌓아 놓고 있으면서도 겨우 숨만 쉬고 있을 뿐입니다. 산더미 같이 쌓아 놓은 돈도 이건희의 건강 하나를 제대로 챙겨 주지 못합니다.

　오늘 예수님은 당신을 따르겠다는 사람에게 이렇게 말씀하십니다. "여우도 굴이 있고 하늘의 새들도 보금자리가 있지만, 사람의 아들은 머리 기댈 곳조차 없다."(마태 8,20)

　예수님은 무소유의 자유인입니다. 아무것도 가진 것이 없기 때문에 모든 것을 소유한 자유인입니다. 아무것도 가진 것이 없기 때문에 모든 것을 나누어 줄 수 있는 풍요로운 자유인입니다. 예수님은 가진 것이 없기 때문에 목숨을 내줄 수 있었습니다. 목숨마저도 예수님의 것이 아니었습니다. 부활은 목숨까지 내줄 수 있었던 예수님의 삶이 옳았다는 것을 증명하는 사건입니다.

오늘 현대인들이 불행한 삶을 사는 것은 무엇이 모자라거나 없어서가 아닙니다. 만족할 줄 모르고 감사할 줄 모르는 삶을 살기 때문에 불행합니다. 만족할 줄 모르고 감사할 줄 모르기 때문에 언제나 모자라고, 그리고 끊임없이 무엇인가로 자기를 채우려고 덤벼듭니다. 문제는 채우면 채울수록 더 모자라게 되고, 더 큰 갈증에 시달리게 된다는 사실입니다.

목이 마른 사람이 바닷물로는 그 갈증을 풀 수 없습니다. 바닷물은 마시면 마실수록 더 큰 갈증에 시달리게 되고 끝내 풀 수 없는 갈증에 시달리다가 그 물속에 빠져 죽게 됩니다. 현대인들은 이렇게 끊임없는 갈증에 시달리는 불행한 삶을 삽니다.

오늘 예수님은 당신을 따르겠다는 사람에게 나는 무소유의 자유인인데, 너도 그렇게 모든 것을 버릴 수 있겠느냐고 묻습니다. 버리면 버릴수록 가벼워지고 그래서 더 높은 곳으로 오를 수 있습니다. 비우면 비울수록 은총과 축복으로 자신을 채워 더 풍요롭고 행복해질 수 있습니다.

예수님은 서른 살에 모든 것을 버리고 혈연과 지연 따위 인연의 끈을 끊고 출가를 감행합니다. 우리 인생살이가 늘 부자유스러운 것은 나를 옭아매고 있는 인연의 끈들 때문입니다. 혈연은 가장 질긴 끈일 뿐 아니라 우리를 부자유스럽게 하는 올가미 중 하나입니다. 부부의 인연, 부모 자식의 인연은 인간의 가장 기본적인 인연입니다. 그런 인연을 바탕으로 해서 내가 존재합니다. 예수님은 이런 인연의 끈이 하느님 나라를 향한 발걸음을 이끌고 인도하는 자유의 끈이 되어야지 옭아매거나 걸려 넘어지게 하는 올가미가 되어서는 안 된다고 말씀하십니다.

그래서 예수님은 당신을 따르겠다는 사람에게 "죽은 이들의 장사는 죽은 이들이 지내도록 내버려두고 너는 나를 따르라."고 말씀하십니다. 혈연, 지연, 학연 따위 온갖 인연의 끈에 칭칭 동여매여 내 편 네 편을 갈라 싸움질이나 힘겨루기를 하면서 분열과 불화를 일삼는 자들, 집단 이기주의에 사로잡혀 이웃과 형제들을 짓밟으려 하는 자들이야말로 산 자가 아니라 죽은 자들입니다. 죽은 자들은 죽은 자들이 장사를 지낼 일입니다.

산 자는 혈연, 지연, 학연 따위의 인연의 끈으로부터 자유롭게 되어서 예수님을 따르는 사람들입니다.

저는 예수님을 따르겠노라 다짐하면서 출가한 사람이지만, 아직도 자유를 누리지 못합니다. 혈연, 학연, 지연의 끈도 끈이지만, 마산교구라는 올가미도 제 목을 옭아매고 있습니다. 언젠가는 교회, 교구라는 울타리마저도 뛰어넘어야 하고, 사목자이기 때문에 여러 사람들과 맺었던 인연의 끈도 뛰어넘어 오로지 예수님을 뒤따르는 제자의 길을 걷는 시간이 오기를 고대하고 있습니다.

예수님은 모든 인연을 끊고 고향 나자렛을 떠났기 때문에 떠돌이 노숙자가 되었습니다. 모든 인연으로부터 자유로웠던 예수님은 만나는 사람들을 모두 형제자매로 받아들일 수 있었습니다. 하느님을 아버지라 부르면서 맺어진 형제자매의 인연은 그 누구를 옥죄거나 옭아매는 부자유의 인연이 아니라 하느님 나라를 향한 여정의 동반자로서의 인연, 서로를 더욱 자유스럽게 만들어 주고 이끌어 주고 밀어주는 인연이어야 합니다.

오늘 우리는 한 주간을 새롭게 시작합니다. 주어진 이 시간들이 예수님의 제자이기 때문에 더욱 풍요롭고, 우리가 함께 일하면서 만나는 형제자매들이 짐이 되거나 올가미가 되는 것이 아니라 서로를 더욱 자유롭게 해 주는 인연이 되었으면 좋겠습니다. 행복한 한 주간이 되기를 기도합니다.

강론 04

예수와 니코데모

　우리는 오늘 복음 말씀 안에서 지극히 대조적인 두 인물의 대화를 듣습니다. 나자렛 사람 예수와 최고의회 의원 니코데모가 바로 그들입니다.

　니코데모는 요즘으로 치면 국회의원이나 국무위원쯤 되는 사람입니다. 그는 권력자입니다. 그는 정통으로 율법을 공부한 바리사이파 사람입니다. 최고 학부를 나오는 지식인입니다.

　그럼에도 불구하고 그는 나자렛의 목수 출신 예수님을 밤에 몰래 찾아와서 스승님이라고 추켜세웁니다. 그에 비하면 예수님은 최하층 목수 출신입니다. 예수님은 율법에 대해서는 무식할 뿐 아니라 공부라고는 학교 문턱에도 가 보지 못한 무식꾼입니다. 아무것도 가진 것 없이 동가숙서가식(東家宿西家食)하는 노숙자(露宿者)이자 떠돌이 랍비입니다.

　그래서 그런지 예수님과 니코데모 두 사람의 대화는 초점이 잘 맞지 않습니다. 그 까닭이 무엇입니까.

니코데모는 율법에 갇힌 지식인입니다. 그의 사고와 행동은 율법 지식의 테두리를 벗어나지 못합니다. 율법과 규칙은 규정하고 재단(裁斷)하고 단죄하기 위해서 존재합니다. 땅 위의 체제와 제도를 유지하기 위해서는 율법과 규칙은 필수적입니다. 율법과 규칙의 틀 안에서는 누구나 안전합니다. 그러나 그 틀 밖으로 한 발짝만 벗어나면 이단이 되거나 배신자가 되어서 제거당하고 맙니다. 예수님이 십자가에 처형당하신 까닭도 여기에 있습니다. 율법과 규칙은 사람들의 사고와 정신과 영혼과 삶을 일정한 틀 속에 가두고 맙니다. 율법과 규칙은 안전장치이지만 한편으로는 틀이자 감옥입니다.

예수님께서 "너희는 위로부터 태어나야 한다."라고 말씀하셨을 때 니코데모는 그 말씀을 알아듣지 못합니다. 그 무엇에도 걸림이 없는 자유 무애인(無碍人) 예수님에게 나고 죽는 것이 자유롭습니다. 그러나 니코데모는 사람이 한 번 태어나면 늙고 병들어 죽는 것이지, 다시 태어난다는 것을 상상하지 못합니다.

예수님은 배운 것이 없는 무식꾼이기 때문에 생각과 사고가 자유롭습니다. 율법에 정통하지 못하기 때문에 그 무엇에도 걸림이 없습니다. 예수님의 가슴과 머릿속에는 쓸데없는 지식이 없습니다. 그래서 하느님의 영이 예수님의 머리와 가슴 속에서 불고 싶은 데로 부는 바람처럼 자유롭게 역사하시고 활동합니다. 예수님은 성령의 사람이 되어서 하느님의 목소리를 듣는 대로, 성령께서 비추시고 이끄시는 대로 말하고 행동합니다.

　니코데모는 성령의 사람이자 무애(無碍) 자유인 예수님의 말과 행동과 처신 안에서 놀라운 표징을 봅니다. 지식과 지위, 권위로 무장하고 율법의 틀 속에 갇혀 사는 니코데모의 눈에 나자렛의 목수 예수는 참으로 놀라운 모습으로 보입니다. 그가 밤중에 예수님을 찾아와 "하느님께서 함께 계시지 않으면, 당신께서 일으키시는 그러한 표징들을 아무도 일으킬 수 없다"고 고백한 까닭도 여기에 있습니다.

　그렇다면 예수님께서 보여 주신 표징이란 무엇입니까. 예수님은 경천동지(驚天動地)할 엄청난 사건이나 기적을 행하신 분이 아닙니다. 그저 격의(隔意) 없이, 차별(差別)이나 분별(分別) 없이, 남녀노소(男女老少) 빈부귀천(貧富貴賤)을 가리지 않고 당신이 만나는 모든 사람을 사랑하셨습니다.

　나병 환자, 온갖 병자들과 장애인들, 죄인과 세리와 창녀들, 어린이와 과부와 가난한 사람들, 부정한 인간이라 낙인 찍혀 내쫓긴 사람들이 예수님을 만나서 새 삶을 얻게 된 것은 정말 놀라운 표징입니다.

　예수님을 만난 사람들은 육으로 거듭나는 것이 아니라 영으로 거듭납니다. 그리고 새 삶을 시작합니다.

　예수님은 율법이나 규칙, 지식이나 지위가 아니라 성령의 이끄심으로 모든 사람들을 사랑하셔서 새로운 시대를 여셨습니다.

우리는 새로운 한 주간을 시작합니다. 부활하신 예수님이 우리 가운데, 우리와 함께 계십니다. 우리도 우리 자신을 성령의 이끄심과 비추심에 맡겨 드리고 서로 사랑하는 한 주간이 되기를 기도합니다.

강론 05
지도자의 자질

저는 지난 월요일부터 3박 5일 일정으로 베트남을 다녀왔습니다. 올해 동창회를 베트남의 성모 발현지 라방과 짝께우, 그리고 베네딕토 수도원과 전통 거리를 그대로 보존하고 있는 호이안, 우리나라의 경주와 비슷한 후에 등을 돌아보는 것으로 대신했습니다. 라방과 짝께우(Tra Kieu)는 1800년대 박해 시절 성모님이 발현하셨던 곳입니다. 우리 동기들은 서품 이후 40년 동안 한 해도 빼지 않고 매년 동창회를 해 왔습니다.

서품 동창은 26명인데 다섯이 환속하고, 하나가 죽었습니다. 그리고 셋은 자기 반으로 갔습니다. 17명이 남았는데 5명이 은퇴했습니다. 올해 동창회에는 8명이 참가했습니다. 3명은 병들어서 바깥출입을 할 수 없고, 나머지는 교구와 본당의 일정 때문에 참가하지 못했습니다.

1년에 한 번 만나게 되는데, 늙어 가는 모습을 눈으로 확인하게 됩니다. 문제는 그 늙음이 아름답고 여유 있고, 남을 배려하는 너그러운 모습이어야 하는데 전혀 그렇지 못하다는 데 있습니다.

함께 여행하는 동안 동창들을 통해서 제 모습을 가감 없이 볼 수 있었습니다. 고집불통의 영감이 되어 간다는 사실과 전혀 타인을 배려하지 않는 이기적인 옹고집 노인이 되어간다는 점이 서글펐습니다. 어떻게 해야 나이먹음이 아름다움으로 나타날 것인지 큰 숙제입니다.

오늘 우리는 제1독서를 통해서 사도 바오로로부터 원로의 자질, 하느님의 관리인의 자질, 봉사자의 자질이 어떠해야 하는지에 대한 말씀을 듣습니다.

간략하게 요약해 보겠습니다. 거만하지 않고 쉽사리 화내지 않는 사람, 술꾼이나 난폭하거나 탐욕스럽지 않은 사람, 손님을 잘 대접하고 선을 사랑하고 신중하고 의롭고 거룩하고 자제력이 있는 사람, 가르침을 받은 대로 진정한 말씀을 굳게 지키는 사람. 이렇게 요약할 수 있습니다.

사도 바오로의 말씀이 거울이라고 한다면, 그 거울에 비춰져 보이는 제 자신의 모습은 정말 부끄럽고 창피할 뿐 아니라 한심하기까지 합니다.

인간은 관계의 존재입니다. 절대로 홀로 살 수 없고 홀로 살아서도 안 되는 존재입니다. 관계의 존재인 인간은 어쩔 수 없이 서로에게 영향을 끼치면서 살 수밖에 없습니다. 오늘 사도 바오로의 말씀은 관계의 존재인 인간들이 서로에게 좋은 영향을 미칠 수 있는 길을 제시하고 있습니다.

　서로 깊은 인연을 맺으며 사는 사람들에게, 매일 만나는 사람들에게, 때로는 스쳐지나가는 사람들에게까지도 좋은 영향을 미치기 위해서는 나 자신을 맑고 밝고 건강하고 아름답고 향기로운 기운으로 가득 채워야 합니다. 나에게 없는 것을 내줄 수는 없기 때문입니다.

　예수님께서도 마르코 7,20에서 "사람에게서 나오는 것, 그것이 사람을 더럽힌다. 안에서 곧 사람의 마음에서 나오는 것들이 사람들을 더럽힌다."고 말씀하십니다. 겉으로 드러나는 모습은 그럴 듯한데, 가슴 속에 가득찬 온갖 욕망과 탐심, 악한 마음과 병든 기운이 밖으로 나와서 사람들을 더럽히게 되고 주변을 병들게 한다는 가르침입니다.

　뒤집어서 말하자면 내 가슴 속에 가득찬 밝고 활기차고 건강하고 아름다운 기운이 밖으로 나와서 내가 만나는 사람들을 기쁘고 활기차고 건강하고 행복하게 만듭니다.

　오늘 복음에서 남을 죄짓게 하기보다는 차라리 연자매를 목에 걸고 바다에 빠져 죽는 것이 더 낫다는 예수님의 말씀도 같은 맥락에서 알아들을 수 있습니다. 비록 작고 보잘것없는 사람이라 할지라도 그 한 사람의 가치는 온 우주를 주고도 바꿀 수 없습니다. 그런데 악한 표양이나 말로, 가슴에서 나오는 나쁜 기운으로 그 작은 사람에게 악한 영향을 끼치거나 죄를 짓게 한다면, 그것은 온 우주를 파멸시키는 것과 같은 것입니다.

잘못했다고 용서를 청하는 형제들을 일곱 번이라도 용서해야 한다는 말씀도 같은 뜻으로 알아들으면 됩니다. 따뜻하고 너그럽고 아름답고 여유로운 가슴을 지닌 사람이 용서할 수 있고, 그래서 용서받는 사람은 새 삶을 시작할 수 있게 됩니다.

우리는 복음을 통해서 예수님을 만나는 사람들이 치유 받고 용서받고 받아들여짐을 받아서 새 삶을 살게 되는 광경을 목격합니다. 세리, 창녀, 나병 환자, 불구자, 장님, 앉은뱅이, 곰배팔이, 벙어리, 마귀 들렸거나 악령에 사로잡힌 사람들이 예수님을 만나서 새 삶을 시작합니다.

예수님 가슴 속에 가득한 밝고 맑고 건강하고 아름다운 기운, 한마디로 하느님의 기운이 밖으로 나와서 그들이 치유를 받을 수 있었고 건강과 행복을 누릴 수 있게 된 것입니다.

우리가 오늘 이 시간 이렇게 성찬의 식탁에 둘러 모이게 된 것은, 이 자리에서 예수님의 말씀과 예수님의 몸을 먹고 예수님으로 충만하기 위해서입니다. 말씀과 성체로 우리가 예수님으로 충만하게 되면, 우리에게서 예수님의 기운이 밖으로 뿜어나게 될 것입니다.

하느님으로부터 새롭게 선물 받은 한 주간 동안 우리는 많은 사람들을 만나게 됩니다. 우리가 만나는 모든 사람들에게 하느님의 은총과 축복, 건강함과 기쁨을 선사하는 한 주간이 되기를 바랍니다.

강론 06

표징을 요구하는 사람들

우리는 오늘 새로운 한 주간을 시작합니다. 하느님께서 우리에게 이 새로운 한 주간을 허락하신 까닭이 있습니다. 서로 사랑하라고, 더 행복하고 밝은 오늘과 내일을 만들라고 이 좋은 새날들을 허락하셨습니다. 무엇보다도 50주년 희년을 맞이하는 마산교구를 위해 충실히 봉사하라고 이날들을 허락하셨습니다.

우리 삶과 우리가 살고 있는 이 세상은 온통 표징으로 가득합니다. 그 표징들을 잘 읽고, 그것을 삶으로 풀어 가는 지혜가 필요합니다.

오늘 우리가 들은 마르코 복음의 병행 구절인 마태오 복음 12,38-39에는 이렇게 기록되어 있습니다.

그때에 율법 학자와 바리사이 몇 사람이 예수님께 말하였다. "스승님, 스승님이 일으키시는 표징을 보고 싶습니다." 그러자 예수님께서 대답하셨다. "악하고 절개 없는 세대가 표징을 요구하는구나! 그러나 요나 예언자의 표징밖에는 어떠한 표징도 받지 못할 것이다.

　요나 예언자의 표징이란, 바로 예수님 자신을 가리키는 말씀입니다. 니느베 사람들이 고래 뱃속에서 삼 일을 지나고 니느베 성읍에 나타난 예언자 요나의 외침을 듣고 회개하여 구원 받았습니다. 요나 예언자는 하느님이 보내신 표징이었고, 니느베 사람들은 그 표징을 제대로 읽었습니다. 그리고 회개하여 구원을 받습니다.

　예수님은 하느님의 표징으로 이 땅에 한 인간이 되어 오셨습니다. 그러나 율법학자와 바리사이파 사람들은 그들 눈앞에 분명한 표징으로 나타난 예수님이 계시지만, 그 표징을 읽지 못하고 또 다른 표징을 요구합니다.

　그들이 예수님이라는 표징을 읽지 못한 까닭이 있습니다. 그들 가슴과 마음속에 자기들 나름의 욕망이 자리 잡고 있었고, 그 욕망에 어울리는 표징을 보고 싶어 합니다. 욕망에 사로잡혀 눈먼 그들은 하느님께서 보내신 표징인 예수님을 바르게 읽을 수 없었습니다. 표징인 예수님을 통해서 전달되는 하느님의 소리를 들을 수 없었습니다. 하늘의 소리보다 욕망의 소리가 훨씬 더 컸고, 끝내 그들은 욕망이 이끄는 길을 갑니다. 어리석음이자 불행이지요.

　예수님은 마태오 16,1 이하에서 이렇게 말씀하시기도 합니다. "너희는 저녁 때가 되면 '하늘이 붉으니 날씨가 좋겠구나.' 하고, 아침에는 '하늘이 붉고 흐리니 오늘은 날씨가 궂겠구나.'한다. 너희는 하늘의 징조는 분별할 줄 알면서 시대의 표징은 분별하지 못한다. 악하고 절개 없는 세대가 표징을 요구하지만, 요나의 표징밖에는 아무런 표징도 받지 못할 것이다."

날씨는 중요한 표징입니다. 현대 생활에 있어서 날씨를 바르게 잘 읽는 것은 행과 불행을 가르는 중요한 기준이 됩니다. 비 오는 날 짚신을 팔려고 덤비는 장사꾼, 맑은 날 우산을 팔려고 덤비는 장사꾼은 망하게 마련입니다. 물때도 모르고 날씨도 읽지 못하고 고기를 잡겠다고 바다에 나가는 어부는 목숨을 부지할 수 없고, 절기가 언제인지도 구별하지 못하고 씨를 뿌리는 농부는 아무것도 거둘 수가 없습니다.

이뿐만 아니지요. 거리에 나가면 신호등과 도로 표지판, 또는 도로에 그어진 여러 종류의 선들을 봅니다. 중요한 표징입니다. 바르게 읽지 못하면 생명을 부지할 수 없습니다. 신호등이나 선들이 의미하는 바를 바르게 읽고 그대로 따르면 질서를 유지할 수 있고 모두 함께 편한 삶을 영위할 수 있습니다. 바쁘다고, 귀찮다고, 급하다고, 그 표징들을 무시하면 무질서를 초래하게 되고 자칫 큰 화를 당할 수도 있고, 심하면 목숨을 잃을 수도 있습니다. 그렇게 되면 자신만 불행해지는 것이 아니라 가족들과 주변의 수많은 이웃들을 고통스럽고 슬프게 만들 수도 있습니다.

일상적인 삶에 있어서 작은 표징들을 읽는 지혜는 행과 불행, 기쁨과 고통, 질서와 무질서, 삶과 죽음을 가르는 기준이 됩니다.

그렇다면 우리의 구원과 영원한 생명을 좌우하는 표징인 예수님을 바르게 읽고 따르는 지혜야말로 얼마나 중요하겠습니까.

우리는 이기적인 욕망에 갇힌 어리석은 율법학자나 바리사이파 사람들처럼 깜짝 놀랄 새로운 표징을 요구할 것이 아니라, 주변에 산재한 표징들을 제대로 읽을 수 있는 밝고 맑은 눈을 가져야 합니다. 특별히 하느님께서 당신 큰 사랑의 표징으로 보내 주신 예수님을 바르게 읽고 따르는 삶의 지혜가 필요합니다.

새롭게 시작하는 한 주간, 하늘의 소리에 귀를 기울이면서 예수님과 함께 하는 복된 시간이 되기를 바랍니다.

마치는 글

하느님께서 우리에게 허락해 주신 시간과 장소는 '지금'과 '여기'뿐이다. 내가 만일 내 운명의 5분 앞을 내다볼 수 있다면 나의 삶은 지금과는 많이 달라졌을 것이다. 다행히 나는 나의 운명 1분 앞을 내다보지 못하고 살고 있다.

이런 일이 있었다. 지난해 늦가을의 사건이다. 장을 보러 덕산에 나갔다가 앙산재로 돌아오는 길이었다. 너무나 졸려서 잠시 쉬어 가려고 도로 옆 공터로 들어섰는데 그 순간 깜박 졸게 되었다. 자동차는 도로 옆 콘크리트 가드레일을 넘어 가로수를 들이받고 멈추었다. 자동차는 많이 망가졌지만 나는 다치지 않았다. 만일 그 자리가 낭떠러지였더라면 나는 이 글을 쓰지 못하고 땅속에 묻혀 있을 것이다. 지금 살아서 이 글을 쓸 수 있다는 것이 얼마나 감사한 일인가.

1분 앞의 나의 운명을 내다보지도 못하면서 '지금' '여기'의 삶을 살고 있음에 감사하면서, 교회와 후배들을 위해서 지금 내가 할 수 있는 일이 무엇일까. 부끄럽지만 지난 내 삶의 일부를 드러내 보여 주는 것이라고 생각했다.

  하느님으로부터 사제로서의 소명을 받고 반세기 가까이 살아오면서 수많은 위기와 우여곡절을 겪었다. 그럼에도 불구하고 여기까지 올 수 있었던 것은 한순간도 기도의 끈을 놓지 않았기 때문이고, 나를 사랑하는 많은 분들의 기도가 있었기 때문이라고 믿고 있다.

  나를 사랑하는 모든 분에게 감사하는 마음으로, 나의 삶을 하나씩 정리해야 할 시간이 왔다는 생각으로 지난날 여기저기 기고했던 글을 모아서 책으로 묶었다. 작은 도움이라도 되었으면 좋겠다.

지리산 앙산재에서

지리산 앙산재

사제의
아름다운 손
'있는 나'를 만나다

초판	2023년 8월 15일
2쇄	2024년 2월 2일

지은이	강영구 신부
펴낸이	김리아
펴낸곳	불휘미디어
	등록: 제567-2011-000009호
	주소: 경상남도 창원시 마산 합포구 오동동 10길 87
	전화: Tel. 055) 244-2067, 222-2068
	이메일 2442067@hanmail.net
	https://blog.naver.com/bullwheeme

© 불휘미디어 2023
ISBN 979-11-92576-41-1 03230

* 책값은 뒤표지에 있습니다.
　잘못된 책은 구입한 서점에서 바꾸어 드립니다.